50
COINS

2009년 개발자 사토시에 의해 비트코인이라는 암호화폐가 세상에 등장하고, 단시간에 1원의 가치도 없던 비트코인의 가치가 2,000만 원 선을 돌파하며 각종 이슈를 생산해내기 시작했습니다.

비트코인으로 돈을 벌었다는 사람들의 인증샷이 인터넷에 올라오기 시작했을 무렵, 블록체인이라는 단어와 함께 각종 코인들과 그 플랫폼들이 세상에 알려지기 시작했습니다.

블록체인 (Block chain)은 '공공 거래장부' 라고도 불립니다. 말 그대로 거래장부를 공개하고 관리한다는 뜻입니다.

거래장부는 금융 거래의 핵심입니다. 돈이 오고 간 내역을 장부에 기록하는 이유는 이 기록을 기반으로 금융거래가 이뤄지기 때문입니다. 이러한 이유로 거래장부를 안전하게 보관하는 일은 굉장히 중요한 일입니다. 은행이나 신용카드 회사 등 기존 금융회사는 거래장부를 안전하게 보관하기 위해 인적, 물적으로 복합적인 보안대책들을 세웁니다. 함부로 은행 서버에 접근할 수 없도록 거래장부를 저장한 서버를 외부인의 침입으로부터 안전한 건물 깊숙한 곳에 두고 그 안에 각종 보안 장비와 프로그램을 설치합니다. 또한 경비원과 보안 담당 직원을 고용해서 이중으로 관리하며 보안에 만전을 기하기도 합니다.

사토시 나카모토는 이러한 상식을 뒤집었습니다. 서버나 경비원 없이도 거래장부를 안전하게 보관하는 방법을 고안했습니다. 사토시가 내놓은 해법은 암호화폐를 사용하는 모든 사용자가 함께 거래장부를 관리하도록 하는 것이었습니다.

모든 암호화폐 사용자는 P2P 네트워크에 접속해 '블록'이라고 불리는 똑같은 거래장부 사본을 나눠 보관합니다. 일정 시간이 지나면 이 블록은 과거 기록으로 고정되어 불변하게 됩니다. 이렇게 만들어지는 거래내역의 묶음을 '블록(Block)'이라고 부르며, '블록체인 (Block chain)'은 블록이 모인 거래장부 전체를 지칭합니다.

블록체인 내에서 해킹 및 변조는 불가능하며, 보안을 위해 지불하는 비용을 줄일 수 있습니다. 왜냐하면 몇몇 사람이 멋대로 장부를 조작하더라도, 모든 사용자들이 보유하고 있는 과반수 이상의 블록 내용만을 진본으로 인정하기 때문입니다.

또한 블록체인이 제한적으로 사용되었던 분산 컴퓨팅 시스템의 난제를 해결한 덕분에 큰 자원이 필요한 서비스를 P2P 네트워크의 힘을 빌려 손쉽게 구현하는 길이 열렸습니다. 즉, 다양한 분야에 활용 가능한 플랫폼들이 개발되고 상용화되고 있다는 것입니다.

하지만 이러한 이면에는 정작 암호화폐의 바탕이 되는 블록체인 기술이나 암호화폐 플랫폼들의 기능성들을 무시한 채 무작정 지인의 말을 듣거나 개인의 감에 의지해서 투자해 보는 불확실한 투자가 만연합니다.

저희 코인마켓캡(Coinmarketcap.co.kr) 팀은 이번 책 출판을 통해 각 코인의 의미와 기능, 개발자들의 면면과 앞으로의 전망을 독자분들과 함께 나누고자 합니다.

이 책은 코인의 기능과 특징 및 개발자 소개와 앞으로의 전망을 말하고 있습니다.

단순히 암호화폐가 실체가 없는 도박이라고 생각했던 사람이라면, 또 주변의 성공신화만 듣고 정확한 정보 없이 감으로 투자했던 사람이라면 이 책을 통해 블록체인이라는 플랫폼들이 어떤 기능을 가지고 있는지, 어떻게 이용되고 있는지 살펴보시고 앞으로의 가능성을 확인하시기 바랍니다.

이 책에 소개된 코인은 2018년 3월 시가총액기준 상위 50위 코인 순으로 작성했습니다. 시가총액은 코인의 가격에 따라 변동하며, 목차에 제시된 코인 순서는 추천순이 아님을 말씀드립니다. 독자분들께 많은 도움이 되기를 바랍니다.

2018년

코인마켓캡팀

content

PART 1

비트코인

이더리움

리플

비트코인캐시

라이트코인

네오

대시

넴

아이오타

모네로

°

C O I N

°

비트코인

Bitcoin

First decentralized digital currency.

인류가 처음으로 돈을 Data로 만든 화폐. 비트코인
이제 돈을 이메일처럼 보낼 수 있다. 비트코인

1. 기본정보

- **화폐 표기 : BTC**

  - 1 BTC = 1 bitcoin = 1 비트코인

  - 0.01 BTC = 1 cBTC = 1 centi bitcoin (bitcent) = 1 센티비트코인

  - 0.001 BTC = 1 mBTC = 1 milli bitcoin (mbit 또는 milli bit) = 1 밀리비
    트코인

  - 0.000001 BTC = 1 µBTC = 1 micro bitcoin (ubit 또는 micro bit) = 1
    마이크로비트코인

  - 0.00000001 BTC = 1 satoshi = 1 사토시

- **발행량 : 16,984,200 / 21,000,000 BTC**

  2,100만 개. 2037년 정도면 거의 대부분의 코인이 발행된다. 현재
  까지 채굴은 약 80.5% 정도 진행되었다.

- **증명 방식 : PoW(Proof of Work)**

- **채굴 가능 여부 : 가능**

- **최초 발행 : 비트코인 제네시스 블록 생성 시간: 2009년 1월 3일**
  18:15:05

〈이것이 인간이 최초로 돈(money)을 데이터(data)로 만든 첫 화면이다〉

- 시가총액 : 153조 7,561억 원
- 코인 가격 : 905만 2,893원(2018.04.18 기준)
- 비트코인(bitcoin)은 1bit를 뜻한다. 1Mega bite, 1Giga bite, 1Tera bite의 그 데이터의 양을 의미하는 1bit이다. 돈이 이제 물물교환 – 동전 – 종이 – 플라스틱 카드를 거쳐서 Data로 변한 것이다.

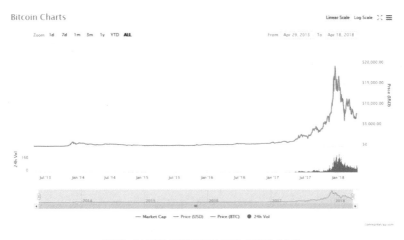

〈2018. 04 기준 코인마켓캡 가격, 거래량 차트〉

2. 개발자

나카모토 사토시(Nakamoto Satoshi). 예명이다. 국적도 일본으로 확인된 바 없으며, 일본인의 이름을 예명으로 사용했을 뿐이다.

3. 배경

인간이 돈을 얻을 수 있는 방법은 두 가지다.

첫 번째 방법은 거래(Trade)이다. 물물교환을 시작으로 인간은 거래를 시작했다. '나는 쌀을 가지고 있는데 너는 굴비를 가지고 있다'라고 했을 때 서로 다른 것을 가진 자의 이해관계가 성립되면 바꾸었다. 그렇게 하면서 거래가 이루어지고, 그 거래가 체계화되고, 사회가 주화(동전)를 만들어 돈을 통용하기 시작하였다. 현대화된 사회에서는 각 나라의 정부의 주도하에 종이에 물감을 입히고 홀로그램으로 위조와 변조를 방지하여, 화폐를 가치로 환산해 약속하고 사용한다.

두 번째 방법은 노동(work)이다. 인간은 성경에 쓰여진 대로, 에덴동산에서 아담과 하와가 쫓겨난 이후 노동을 하여서 먹을 것과 입을 것을 자급하면서 살게 되었다. 현대 사회에서는 노동으로 인한 수입으로 인해 먹을 것, 입을 것 그리고 있을 곳까지 마련하며 살고 있다.

비트코인은 물물교환에서 동전으로, 동전에서 종이 화폐로, 종이 화폐에서 플라스틱 카드로 살아온 우리 세상에서 돈을 Data화 하면서 동시에 한 가지 변혁의 개념을 이루어냈다. 그 개념은 Mining이다. 사람이 일을 하는 것은 Work(노동)의 개념인데, 그 노동의 개념에서 사람의 일을 이제 기계나 컴퓨터가 대신 일하는 Mining(채굴)의 개념으로 바꾸었다. 이제는 사람이 일을 하는 것이 아니라 기계가 대신 일을 해서 돈을 얻는 시대가 도래한 것이다.

작업증명(Proof of Work)이란 참여자 모두가 가지고 있는 거대한 원장인 블록체인에 새로운 거래 정보를 담고 있는 블록을 추가하는 과정이다. 블록체인이 P2P 기반 분산 원장이고, 중앙에서 관리하거나 통제하지 않는 이상 참여자 중 누군가는 블록을 생성해서 원장을 업데이트하는 일을 해야 한다. 자발적인 참여를 독려하기 위하여 비트코인을 참여의 대가(보상)로 주는 것이며, 결국 작업증명과 보상을 합쳐서 채굴(Mining)이라고 한다.

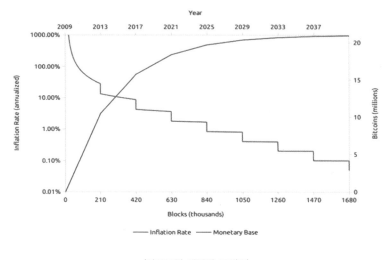

〈비트코인 채굴량 그래프〉

비트코인은 총 2,100만 개만 발행이 된다. 또한 반감기라는 것이 있어 매번 21만 블록(약 4년)이 생성될 때마다 비트코인 발행량을 반으로 줄게 설정해 놓았는데, 첫 발행 연도에는 채굴에 성공하여 1개의 블록을 만들 때 50비트코인이 보상으로 주어졌다. 현재는 12.5 비트코인이 보상으로 주어진다. 다음 반감기에는 보상이 6.25 비트코인으로 줄어들 예정이다.

Bitcoin Block Reward Halving Countdown

Days	Hours	Minutes	Seconds
804	00	39	4

Reward-Drop ETA date: **31 May 2020 09:44:43**

The Bitcoin block mining reward halves every 210,000 blocks, the coin reward will decrease from 12.5 to 6.25 coins

Total Bitcoins in circulation:	16,927,750
Total Bitcoins to ever be produced:	21,000,000
Percentage of total Bitcoins mined:	80.61%

〈비트코인 보상 카운트〉

4. 기능 및 특징

1) 관리 주체가 없는 시스템

중앙은행의 역할을 하는 별도의 시스템 및 서버가 존재하지 않기 때문에 사용자들의 합의를 통해 통화의 발행, 거래, 검증이 이루어진다. 세계 언제 어디서나 24시간 즉시 어떤 금액이라도 보내고 받는 것이 가능하다.

2) 총 통화량 제한

비트코인은 화폐 발행의 한계가 2,100만 BTC로 정해진 시스템으로서 기존 통화의 인플레이션/디플레이션 문제를 자동화된 시스템에 의한 발행(채굴)으로 해결한다.

3) 공개된 거래내역

익명성을 보장하지 않는 시스템으로서 모든 비트코인 사용자는 세계에서 일어난 거래내역 일체를 가진다. 블록체인은 문자 그대로 늘어놓은 블록 안에 장부를 기록하여 이것을 비트코인 소유권 이전의 원본으로 삼는 방식이다. 이 원본은 어떤 특정한 '센터'에 보관되지 않고 비트코인 네트워크에 참여하고 있는 모든 사람들에게 공개된다. 비트코인은 누구나 열람할 수 있는 장부에 거래 내역을 기록하기 때문에 투명한 거래가 이루어진다.

4) 개인정보 불필요

비트코인 계정 생성에는 이름, 연락처, 주소 등의 개인정보를 요구하지 않는다. 계정 생성은 자신을 증명할 수 있는 수단을 부여하는 절차이며, 자신의 신상을 시스템에 입증할 필요성이 없다. 그러므로 계정에 기입한 정보로 인한 제 3자의 개인정보 유출 문제가 발생할 수 없다.

5) 강력한 보안성

중앙은행이 없는 분산화된 합의 시스템은 거래내역 조작, 단일 사용자 계정에 대한 해킹에 매우 강력한 보안을 제공한다. 비트코인을 사용하는 여러 컴퓨터가 10분에 한 번씩 이 기록을 검증하여 해킹을 막는다. 그렇기 때문에 비트코인 사용자들은 자신들의 거래에 대한 완전한 통제권을 갖는다.

5. 사건

비트코인 피자. 1만 비트코인짜리 피자 2판

2010년 5월 18일, 미국 플로리다에 사는 프로그래머 라스즐로라는 사람이 비트코인 포럼에 게시글을 올린다. 피자 2판을 시켜주는 사람에게 1만 비트코인을 지불하겠다는 내용이었다. 당시 1만 비트코인은 약 41불의 가치를 지니고 있었지만, 거래소가 정확하게 있던 시절이 아니기에 추정 값이다. 그는 비트코인으로 실물 거래가 가능한지 알고 싶다며, 피자를 직접 우리 집에 배달해줘도 되고, 피자를 자신의 집으로 시켜주고 그 값을 지불해주어도 된다고 했다.

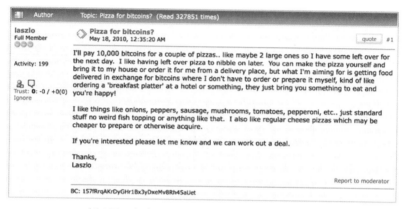

〈라스즐로가 비트코인 포럼에 올린 게시글 원문 캡처〉

〈라스즐로가 실제로 올린 피자 인증샷〉

4일 뒤인, 2010년 5월 22일, 라스즐로는 피자 인증샷을 올렸다. 2018년 3월 기준으로 1,200억짜리 피자 두 판이었다.

6. 비전과 전망

1) 일본

일본은 암호화폐에 대해 가장 적극적인 장려책을 펴고 있다. 일본 금융당국은 지난해 비트코인을 화폐의 형태로 인정하며 11개 거래사이트와 다른 암호화폐들을 승인했다. 소매점 및 항공, 각종 결제 서비스 분야에서 비트코인 결제 방식을 하나둘씩 도입하고 있다. 카드 결제도 선호하지 않고, 안정성을 추구하는 일본이 비트코인을 빠르게 도입한 것은 일본 금융 전문가들과 국가 정책 의사 결정자들의 생각이 반영된 것이며, 이는 단지 변동성만 보고 일본이 이 시장에 뛰어든 것이 아니라 비트코인의 미래 전망과 가치를 보고 국가적 차원에서 빠르게 시장 진입을 한 것으로 생각된다.

2) 중국

현재 중국은 규제의 아이콘이다. 비트코인이 오를만하면 중국에서 규제 얘기가 나와서 달아오르는 시장을 식혀버리곤 한다. 하지만 '블록체인' 기술에 대해서는 상당히 긍정적이라고 한다. 중국에서는 7년간 33조 원의 비용으로 항저우를 블록체인의 도시로 만들 계획을 추진 중이며, 여러 종류의 자체 암호화폐를 개발하려고 노력하는 등 암호화폐에 대한 끊임 없는 관심을 보이고 있다.

심지어 중국 중앙정부는 2016년 12월에 '국가정보화를 위한 5년 계획'에서 블록체인을 명시하기도 했다. 중국 유명 메신저인 QQ의 창업자 마화텅은 '블록체인' 기술에 대한 입장을 표명하기도 했는데, 그는 '암호화폐'가 이후에 '실제화폐'를 대체할 가능성이 매우 크며, 이에 대해 긍정적이라고 생각한다고 말하기도 했다.

현재 많은 진문가들과 분석가들은 '중국이 곧 암호화폐의 선두주자로 2018년에 거듭날 것이며, 중국 정부가 최초로 CBDC(Central Bank digital Currency) 암호화폐를 발행한다면 블록체인의 주력자가 될 것'이라고 명시하기도 했다.

표면적으로는 끊임없이 규제하려고 하는 것과는 정반대로의 움직임을 보이고 있다. 중국에서 앞으로 보여줄 블록체인 행보가 궁금해진다.

3) 미국

미국에서는 비트코인 및 블록체인 세금 관련 법안이 계속해서 논의되고 있으며 요즘 블록체인이 인기를 얻음에 따라 많은 미국 정부 부서가 관심을 보이고 있다. 미 연방 단위 비트코인 및 블록체인 프로젝트도 곧 추진될 것으로 보인다. 그리고 SEC에서 비트코인 ETF의 목줄을 쥐고 있기 때문에 결국 미국 역시 비트코인의 폭발적인 상승을 견인해낼 주체가 될 것으로 보인다.

〈블록체인에 대한 미국의 관심을 보여주는 헤드라인 기사〉

4) 한국

얼마 전까지 법무부에서는 거래소 폐쇄를 해야 한다는 입장이었지만 최흥식 금융감독원장이 안전장치를 갖춘 거래소를 통해 암호화폐에 투자하겠다는 입장을 내놓았으며, 투자자들 역시 계좌 개설을 독려하겠다고도 했다. 비트코인에 대해서 엄격하게 규제를 걸고 완전 금지가 되는 것은 아닌지 여러 관측이 있었고, 아직까지 비관적인 시선으로 바라보는 사람들도 있지만, NHN 등의 대기업이 신규거래소 론칭을 준비하는 등의 모습을 보여주고 있으며, 여러 시스템으로 해킹에 대한 암호화폐 도난을 봉쇄한 거래소가 신규 상장이 되기도 하는 등 안전에도 보안이 강화되고 있는 현실이다.

〈카이저 막스의 비트코인 주기 이론〉

카이저막스는 2018년 1월에 지점을 다지고 이와 같은 주기로 10만 달러까지 갈 것으로 보고 있다. 비트코인은 정부의 규제나 관심에 따라 등락을 반복하고 있으며, 4차산업의 중심에 있다. 미래가 불확실하다면 결국 미래는 준비하는 자의 몫이 아닐까?

7. 상장된 거래소

1. Bitcoin (36.49%)

#	Source	Pair	Volume (24h)	Price	Volume (%)
1	OKEx	BTC/USDT	$506,047,000	$11,343.10	7.71%
2	Bitfinex	BTC/USD	$337,036,000	$11,309.00	5.13%
3	Binance	BTC/USDT	$193,145,000	$11,335.10	2.94%
4	Binance	XRP/BTC	$185,352,000	$11,366.00	2.82%
5	OKEx	ETH/BTC	$171,148,000	$11,363.60	2.61%
6	Upbit	BTC/KRW	$169,558,000	$11,714.30	2.58%
7	Huobi	BTC/USDT	$166,625,000	$11,363.60	2.54%
8	Bithumb	BTC/KRW	$165,594,000	$11,690.10	2.52%
9	bitFlyer	BTC/JPY	$162,769,000	$11,368.40	2.48%
10	OKEx	LTC/BTC	$143,736,000	$11,355.30	2.19%
		View More			
Total/Avg			$6,567,115,263	$11,399.62	

〈코인마켓캡 기준 상위 10개 상장 거래소〉

8. 홈페이지 정보

홈페이지 : https://bitcoin.org/ko/
비트코인 백서 영어 : https://bitcoin.org/bitcoin.pdf
비트코인 블로그 : https://bitcoin.org/en/blog
비트코인 페이스북 : https://www.facebook.com/bitcoins
비트코인 트위터 : https://twitter.com/search?q=bitcoin

9. 소재지 및 연락처

소재지 : 미확인
연락처 : https://bitcoin.org/en/community

이더리움
ETHEREUM

Blockchain App Platform

스마트 컨트랙트와 토큰 플랫폼,
분산 앱(Decentralized app) 개발 플랫폼

1. 기본정보

- **화폐 표기** : ETH

- **최초 발행** : 2015년 7월 30일

- **발행량** : 98,889,986 ETH (최대 발행량 무제한). 하루 평균 약 5천 개의 블록이 생성되고 있고, 1년이면 약 1,855,058 블록이 생성된다. 1블록당 5이더 정도 생기므로 매년 PoW(PoS 전환계획)에 의해 약 920만 개의 이더가 증가한다.

- **증명 방식** : PoW(Proof of Work) 방식으로 채굴을 통해 ETH를 얻을 수 있는 형태이다. 그러나 전송 속도의 한계로 PoS(Proof - of-Stake) 방식으로 하드포크를 계획 중이다.

- **채굴 가능 여부** : 가능

- **시가총액** : 57조 2,500억 원

- **코인 가격** : 57만 8,925원 (2018.04.18 기준)

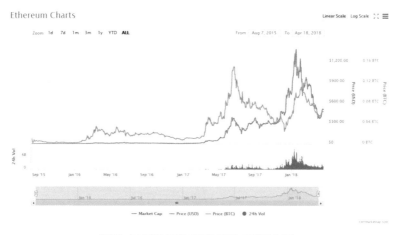

〈2018. 04 기준 코인마켓캡 가격, 거래량 차트〉

■ 가격

이더리움이 공식적으로 처음 거래된 날은 2015년 8월 7일이다. 첫 날 $2.83에 거래되고 이후 최저 $0.6까지 떨어져서 해당 가격을 계속 유지한다. 1년만인 2016년 5월경 약 $10대로 5배 정도 상승하였고, 그 후 2년만인 2017년 5월경에 $40 돌파 이후로 사상 최대가인 $380까지 치솟았다.

가격이 약 130배 정도 치솟으면서 거래량이 사상 초유의 사태를 맞았고, 생각하지 못했던 전송 문제가 발생하여 이더리움의 한계를 보여주는 사건이 발생했다.

그 후 4개월만에 다시 $150로 절반까지 급락하였으나, 비탈릭 외 이더리움 개발자들의 발 빠른 대응과 문제해결을 통해서 다시 원래 가격을 회복하여 현재 평균 $200~$300 수준으로 거래가 되고 있다.

PoW방식에서 PoS방식으로 하드포크와 거래속도를 수 초대로 줄인 라이트닝 네트워크 '라이덴'이 이더리움 테스트넷에 배치됨으로써 다시 한번 가격 상승의 동력을 이끌어줄 것으로 판단한다.

2. 개발자

Vitalik Buterin(비탈릭 부테린) – Canada
1994년 1월 31일 생. 이더리움 공동 창립자

이더리움을 만든 프로그래머이며 6살 때까지 러시아에서 살다 캐나다로 이주했다. 아버지로부터 처음 비트코인을 접한 그는 비트코인의 아이디어에 매료되어 『비트코인 매거진』, 『비트코인 위클리』를 비롯한 여러 간행물에 기고 활동을 이어가다 독립적인 플랫폼 '이더리움'을 만들기로 결심한다. 2017년 『포춘지』가 선정한 40세 이하 가장 영향력 있는 인물 40명 중 가장 어린 나이이며 보유한 이더리움은 50만 개로 알려져 있다.

3. 기능 및 특징

1) 이더리움(ETHEREUM)이란?

이더리움(Ethereum)은 세계 2위 암호화폐이다. 최근 리플에 시가총액 2위 자리를 빼앗겼다가 다시 되찾았다. 이더리움은 초기에는 한국어로 이시리움 또는 에테리움으로 표기하였으나 현재는 이더리움으로 표기하는 경우가 많다. 2015년 7월 30일 비탈릭 부테린(Vitalik Buterin)이 개발한 암호화폐이며 블록체인 기반의 플랫폼이다.

비트코인의 핵심 기술인 블록체인(block chain)을 기반으로 거래 기록뿐만 아니라 계약서, SNS, 이메일, 전자투표 등 다양한 애플리케이션을 투명하게 운영할 수 있게 확장성을 제공한다. 블록체인 기반이다 보니 이것들은 당연히 분산 애플리케이션(decentralized application)이 된다. 이더리움은 비트코인과 달리 단순히 위조 지폐 방지의 목적으로만 만들어진 것이 아니다. 여기서 더 나아가 일반적인 계약에까지 적용이 된다는 것이다. 그래서 이것을 줄여서 DApp (댑)이라고 부른다. C++, 자바, 파이썬, GO 등 대부분의 주요 프로그래밍 언어를 지원하여 모든 형태의 거래를 프로그래밍 가능하게 설계 되어있다. 이를 스마트 계약이라고 하는데, 스마트 계약에서는 중개인이 없어지기 때문에 들어가는 비용도 크게 줄어든다. 그리고 이더리움을 IoT에 접목한다면 기계 간 금융 거래도 가능해진다.

2) 이더리움 특징

이더리움의 목적은 분산 애플리케이션 제작을 위한 대체 프로토콜을 만드는 것이다. 대규모 분산 애플리케이션에 유용할 것이라 생각되는 다른 종류의 제작기법을 제공하며, 빠른 개발 시간, 작고 드물게 사용되는 애플리케이션을 위한 보안, 다른 애플리케이션과의 효율적인 상호작용이 중요한 상황에 특히 주안점을 두고 있다.

이더리움은 튜링 완전 언어를 내장하고 있는 블록체인이라는 필수적이고, 근본적인 기반을 제공함으로써 이 목적을 이루고자 한다. 누구든지 이 언어를 사용해 스마트 컨트랙트, 분산 어플리케이션을 작성하고 소유권에 대한 임의의 규칙, 트랜잭션 형식(transaction format), 상태변환 함수(state transition function) 등을 생성할 수 있다.

네임코인의 기본적인 형태는 두 줄 정도의 코드로 작성할 수 있고, 통화나 평판 시스템 관련 프로토콜은 스무 줄 내외의 코드로 만들 수 있다. 어떤 값을 저장하고, 특정한 조건들을 만족했을 때만 그 값을 얻을 수 있게 하는 일종의 암호 상자인 스마트 컨트랙트 또한 이 플랫폼 위에 만들 수 있다.

그리고 무엇보다 가장 큰 특징은 비트코인의 블록 생성시간인 10분을 이더리움은 10초 내외로 줄여 입출금 및 거래의 속도를 향상시킨 것이 가장 큰 특징이다. 비트코인보다 더 많은 것을 활용할 수 있고 효율적인 면에서 앞으로의 행보에 대한 기대가 큰 상황이다.

4. 사건

1) 이더리움 하드포크

2016년 6월 17일(UTC) DAO Contract 취약점을 이용해 약 360만 개의 이더리움(당시 시세 640억 상당)이 도난당하는 사태가 벌어졌다. 도난당한 코인은 전체 이더리움의 약 10%에 해당하며 해당 사건으로 인하여 코인당 21달러에서 13달러까지 엄청난 가치 하락이 있었다.

해커는 DAO Contract 취약점을 이용해 이더리움 무한 나누기(Split)를 하고 이를 해커의 지갑으로 인출하였다. 원래는 나누기(Split) 과정에서 DAO 토큰이 없어져야 되는데 취약점 공격으로 DAO 토큰이 살아 있어서 이더리움을 해커의 지갑으로 무한 인출하게 된 것이다. 하지만 이 해킹당한 이더리움은 바로 인출이 되지 않는데 그 이유는 DAO 규정으로 인해 인출한 이더리움을 움직이려면 Split 후 48일 후에 자금을 출금할 수 있기 때문이다. 사건을 알아챈 일로부터 27일 안에 이더리움 개발진들이 조치를 취하면 해킹한 이더리움은 모두 휴지조각이 되게 된다. 도둑맞은 이더리움 거래자들을 위해 이더리움 재단은 조치를 취해야 했는데 생각보다 간단하지 않았다. 그 이유는 기존의 은행이라면 당연히 계좌를 동결하고 문제가 되는 거래내역을 무효로 만들어 계약을 파기하면 되지만, 이더리움은 블록체인의 시스템으로 이루어져 있기 때문에 쉽지가 않았다. 암호 화폐는 블록체인 시스템으로 해당 지갑은 소유자의 키가 없는 한 건드릴 수 없게 되어있다. 이더리움 개발자들은 해커들이 훔친 이더리움을 인출하기 전에 조치를 취해야 되기 때문에 빠르게 대책을 세웠다.

이더리움 재단이 제시한 방법은 아래와 같다.

① DAO와 해당 Child DAO의 이동을 정지하는 소프트포크 (Softfork)

② DAO 토큰 보유자들이 이더를 되돌려 받게 하는 하드포크 (Hardfork)

물론 마이너(채굴자)들과 거래소의 동의를 구하고 시행하게 됐는데 소프트포크로 결정이 난 듯싶었으나 해당 소프트포크 시간대에 DDOS 공격이 제보되어 취소되었다. 소프트포크(Softfork)가 취소되고 모든 피해자들이 이더리움을 돌려받을 수 있는 하드포크로 압도적인 지지를 받아 2016년 7월 20일 10시경 1,920,000번째 블록을 기준으로 하드포크를 단행하여 성공했다.

그 결과로 나온 것이 바로 이더리움 클래식(ETC)이다.

2) ICO란

ICO(Initial Coin Offering)란 코인 발행을 통한 자금 조달 방식이다. ICO가 코인을 팔아서 투자금을 모금하는 방식이기 때문이다. 주식에서의 IPO(Initial Public Offering)를 생각하면 이해가 더 쉽다.

새로운 Cryptocurrency(암호화폐)를 만들어서 판매 한 금액을 크라우드 펀딩하는 수단이다. 어떤 특정한 기술을 개발하려면 돈이 필요하게 되는데, 이 돈을 충당하기 위해서 새로운 Cryptocurrency를 제작해서 판매하고 나오는 수익금으로 기술을 개발하는 방식이다. 주식의 IPO와는 다르게 ICO에는 발행 주체가 없다. 최초로 암호화 화폐를 ICO한 회사는 2013년도에 마스터코인이었다. 그 다음이 바로 이더리움이 ICO를 했는데, 이더리움 코인 서비스는 최초로 토큰화된 펀드로서 투자자들이 블록체인 시장이 커지는 상황에서 돈을 돌릴 수 있는 수단이 되었다. 그리고 이 이더리움의 성공으로 인해서 ICO라는 모금 수단이 적극적으로 가동이 된 것이다.

3) 이더리움 토큰(Token)

이더리움에서 제공하는 Solidity 언어를 통해서 Token을 만들어 배포할 수 있으며, 현재 약 7천 개 정도의 Token이 배포되었다. 장점은 별도의 블록체인을 설정하지 않고 이너리움 네트워크를 이용히어 탈중앙화된 형태의 거래나 의사전달을 할 수 있다는 것이다. 단점은 거래 시 ETH를 사용해야 한다는 것인데, 최근 발행된 Token 중에서 가장 많은 거래량을 가지고 있는 것은 바로 OmiseGO, Qtum, EOS, GOLEM, Augur 등이 있다.

5. 비전과 전망

EEA (Enterprise Ethereum Alliance)

〈이더리움 EEA에 가입되어 있는 기업들〉

2017년 초에 이더리움 기반 블록체인 기술을 개발하는데 협력하고 제휴를 맺기 위해서 만들어졌다. 국내 기업 중 하나인 삼성 SDS가 EEA에 참가하게 되면서, 이더리움이 네이버 실시간 검색어에 오른 적도 있다. EEA에 속한 기업 중 하나인 도요타는 자율 주행과 자동차 보험 관련 시스템에 적용하기 위해서 참가했다고 한다. 삼성 SDS는 자체에서 개발

WeissRatings — Independent. Unbiased. Accurate. Trusted.

Weiss Cryptocurrency Ratings
(A = excellent, B = good, C = fair, D = weak, E = very weak)

January 24, 2018

	Cryptocurrency Name Symbol	Price (USD)	24-hr Change	7-Day Change	30-Day Change	Market Cap (USD)	Last Rating Change
C	Aeon AEON	4.25	-0.55%	-1.32%	13.33%	61.24M	--
C+	Ark ARK	6.00	9.99%	5.69%	-4.56%	519.47M	--
C	Asch XAS	0.9594	4.35%	7.60%	-28.90%	92.60M	--
D+	Auroracoin AUR	1.29	0.60%	-9.89%	-2.97%	10.34M	--
C	Bitcoin BTC	10,962.72	-1.67%	-5.75%	-22.45%	175.91B	--
C	Bitcoin Cash BCH	1,630.70	-1.13%	-9.36%	-45.88%	26.16B	--
D+	Bitcoin Gold BTG	190.60	-6.74%	-5.07%	-35.96%	3.07B	--
C	BitShares BTS	0.3232	-1.91%	-8.20%	-41.96%	805.47M	--
C	BlackCoin BLK	0.5029	-0.99%	-9.11%	-21.05%	38.93M	--
C	Blocknet BLOCK	34.63	5.63%	-6.94%	0.29%	163.45M	--
C	Burst BURST	0.0465	1.79%	0.60%	-29.87%	77.93M	--
C	Byteball Bytes GBYTE	716.70	1.53%	4.12%	7.65%	429.33M	--
C	Bytecoin BCN	0.0062	-0.42%	-3.62%	-4.19%	1.10B	--
B-	Cardano ADA	0.5581	-2.26%	-10.70%	43.12%	14.01B	--
C	CloakCoin CLOAK	15.21	-5.24%	-6.72%	-26.62%	74.81M	--
C	Counterparty XCP	56.65	-4.09%	24.85%	78.43%	141.79M	--
C	Dash DASH	761.01	-1.07%	-1.35%	-34.97%	5.68B	--
C	Decred DCR	91.20	1.34%	10.03%	2.07%	569.93M	--
C	DigiByte DGB	0.0547	3.50%	-8.77%	-34.40%	491.89M	--
C	DigitalNote XDN	0.0276	-3.77%	-2.48%	-25.39%	194.31M	--
C	Dogecoin DOGE	0.0066	-1.34%	-3.50%	-22.58%	719.29M	--
D+	Einsteinium EMC2	0.6347	10.85%	20.60%	-34.38%	125.59M	--
C	Electroneum ETN	0.1217	0.11%	7.84%	29.14%	700.88M	--
B	EOS EOS	13.36	-11.64%	21.42%	44.34%	7.71B	--
B	Ethereum ETH	993.02	-2.84%	-7.67%	43.16%	92.31B	--
C	Ethereum Classic ETC	28.88	-5.46%	-2.62%	-3.38%	2.73B	--
D	Expanse EXP	4.70	-3.81%	-4.07%	-0.33%	37.97M	--
C	Feathercoin FTC	0.2856	-1.25%	-8.57%	-24.26%	51.59M	--

Data as of January 23, 2018   Page 1 of 3   www.weissratings.com

출처 = https://weisscryptocurrencyratings.com

〈Weiss Ratings 코인 등급표〉

한 기업형 플랫폼 넥스레저와 블록체인 신분증, 지급결제 시스템을 더욱 더 세계적으로 확장시키기 위해서 EEA에 참여했다고 한다. EEA에 가입되어 있는 기업은 삼성 SDS, HP, 인텔, 마이크로소프트, ING 등 수많은 기업들이 있다. 또한 3차에서는 SK텔레콤까지 가입을 하여 약 150 기업이 가입이 되어있다. EEA는 일종의 이더리움 후원사들의 모임이라고 할 수 있다.

EEA에 참여한 기업들은 이더리움 플랫폼의 무한한 가능성을 보고 참여하고 있으며, 이더리움은 이에 힘입어 빠른 속도로 성장할 것으로 보인다.

와이스레이팅스는 총 74개의 암호화폐에서 등급평가를 했다. 등급평가는 위험, 기술 등 총 4개 항목을 기반으로 한 것으로 알려졌는데, A등급을 받은 암호화폐는 없으며, B등급에는 이더리움 EOS가 선정되었다.

이더리움 로드맵 4단계

이더리움 창시자 비탈릭 부테린 등 이더리움 재단은 연초 이더리움이 미래 어떤 모습으로 나아갈 것인지를 보여주는 청사진을 제시했다.

1단계 '프론티어(Frontier)'

새로운 영토를 개척해 나가는 모습으로써 서부 개척시대를 떠올리면 된다. 암호화폐 거래를 위해 코인을 채굴 및 발행하고, 네트워크를 형성하는 단계이다. 암호화폐 블록체

인이 생성되는 단계인 셈이다.

2단계 '홈스테드(Homestead)'

사전적으로는 '농장의 건물과 땅이 딸린 주택'을 의미한다. 이더리움이라는 신대륙 개척지에 집들이 하나 둘 생기는 시점으로, 이더리움 생태계를 구축하는 단계이다. 이 단계에서 이더리움은 성장을 위해 각종 기능을 업데이트하고 보완한다. 지금 현재 단계가 홈스테드로 이더리움 재단에 접속하면 볼 수 있는 화면이다.

3단계 '메트로폴리스(Metropolis)'

홈스테드가 모여 도시를 이룬다는 의미이다. 이더리움의 대중화를 위한 사회적 인프라가 형성되는 시기이며 이더리움의 본격적인 성장 및 활용이 기대된다. 이 단계에서는 일반인들도 암호화폐를 쉽게 접할 수 있게 되면서 수요가 폭발적으로 늘어날 것으로 보인다. 폭발적으로 늘어난 수요를 감당하기 위해선 결제 처리 속도를 높일 필요가 있기 때문에 메트로폴리스 단계에서 채굴 방식의 전환이 시작된다. 전기를 소비하는 '작업증명(PoW)' 방식에서 보다 효율적인 '지분증명(PoS)' 방식으로 서서히 바뀌게 된다.

3단계인 메트로 폴리스 단계로 가기 위해서는 두 번의 하드포크를 거쳐야 하는데 바로 '비잔티움 하드포크'와 '콘스탄티노플 하드포크'이다. 지난해 2017년 10월 16일 진행되었던 암호화폐 이더리움의 비잔티움 하드포크는 성공적으로 마쳤다. 이더리움의 437만 번째 블록을 기점으로 하드포크되었다.

비잔티움 하드포크는 스마트 계약 보안을 개선하고 프라이버시 보호를 위한 해결책을 도입, 쉬운 스마트 컨트랙트 및 앱 개발로 이더리움을 응용한 어플리케이션들의 상용화 등 많은 성능 개선을 했다. 또한 채굴 방식의 PoS 전환을 위해 PoW

〈이더리움 비잔티움 하드포크를 축하하는 비탈릭 부테린(왼쪽)〉

작업 난이도를 채굴이 불가능할 수준으로 대폭 상승시키는 이른바 '난이도 시한폭탄'이 1년 반 연기되었고, 대신 블록당 채굴 보상이 5이더에서 3이더로 줄었다.

4단계 '세레니티(Serenity)'

사전적 의미는 '평온' 혹은 '평정'으로 모든 변화 후에 끝내는 평온을 찾는다는, 이더리움의 최종 단계이다. 전세계에서 발생하는 대량의 모든 기록을 담을 정도의 블록체인이 완성된다. 채굴도 완전히 PoS 방식으로 전환 예정이다.

6. 상장된 거래소

3. Ethereum (10.99%)

#	Source	Pair	Volume (24h)	Price	Volume (%)
1	Bitfinex	ETH/USD	$107,764,000	$573.58	5.95%
2	OKEx	ETH/USDT	$105,747,000	$574.38	5.84%
3	Huobi	ETH/USDT	$87,949,800	$574.34	4.86%
4	OKEx	ETH/BTC	$86,665,900	$572.34	4.78%
5	Binance	ETH/BTC	$81,264,200	$574.74	4.49%
6	Bithumb	ETH/KRW	$76,385,900	$594.32	4.22%
7	GDAX	ETH/USD	$69,150,500	$574.01	3.82%
8	Binance	ETH/USDT	$66,309,300	$575.08	3.66%
9	Bit-Z	ETH/BTC	$54,550,100	$574.63	3.01%
10	Kraken	ETH/USD	$40,136,000	$573.22	2.22%
		View More			
Total/Avg			**$1,811,240,514**	**$576.02**	

〈코인마켓캡 기준 상위 10개 상장 거래소〉

7. 홈페이지 정보

공식 웹사이트 : https://Ethereum.org
이더리움 백서 : http://www.ethdocs.org/en/latest/index.html
이더리움 페이스북 : https://www.facebook.com/ethereumproject
이더리움 트위터 : https://twitter.com/ethereumproject

8. 소재지 및 연락처

소재지 : Zug, Switzerland
연락처 : info@ethereum.org

리플
Ripple

The world's only enterprise blockchain solution for global payments

빠르고 안전한 거래. 금융기관에 초점을 맞춘
전략 플랫폼

1. 기본정보

- **화폐 표기** : XRP
- **최초 발행** : 2013년 4월
- **발행량** : 39,122,794,968 / 100,000,000,000 XRP
- **증명 방식** : 비트코인과 달리 작업 증명을 통해 거래의 합의를 이 끌어내는 형식이 아닌 네트워크 상의 특수 노드들의 동의를 통해 증명하는 방식의 Ripple Protocol Consensus Algorithm
- **채굴 가능 여부** : 불가능
- **시가총액** : 29조 6,708억 원
- **코인 가격** : 759원 (2018.04.18 기준)
- **리플의 결제 시간** : 4초(블록체인 컨펌 시간)

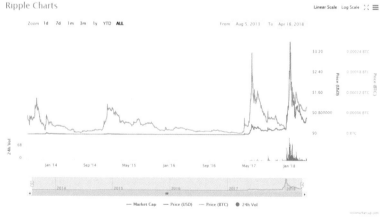

〈2018. 04 기준 코인마켓캡 가격, 거래량 차트〉

2. 개발자

리플은 2013년 4월 Chris Larsen(크리스 라센)이 개발했다. – United States of America

리플은 2004년에 Ryan Fugger에 의해 고안된 결제 프로토콜이다. 비트 코인 거래소 Mt. Gox의 창업자로 알려진 Jed McCaleb 는 2011 년에 비트코인의 구조를 응용한 Consensus Ledger를 고안하고 eDonkey의 개발자인 David Schwartz, Arthur Britto 와 함께 Consensus Ledger의 구현을 시작

Chris Larsen(크리스 라센)
– United States of America

했다. 2012년에 핀테크 합류, 그리고 Ryan Fugger와 토론의 결과 Ripple 프로젝트의 지휘권이 Chris Larsen 등 팀에게 양도되어 Ripple 프로토 콜 및 Consensus Ledger의 통합이 이루어졌다. 이 비트코인 커뮤니티 의 리더 중 하나인 Stefan Thomas에 의해 개량되어 현재 Ripple의 원 형이다. Ripple Consensus Ledger (RCL)가 탄생했다.

3. 기능 및 특징

RippleNet 만나보기

Ripple은 은행, 결제 서비스 제공업체, 디지털 자산 거래소, 기업을 RippleNet으로 연결하여 마찰없는 글로벌 송금 경험을 제공합니다.

액세스

지불 네트워크의 연결성

속도

즉각적인, 주문 정산

확실성

자금의 실시간 투명성

비용

저렴한 운용 및 유동성 비용

〈리플의 특징〉

리플은 비트코인, 이더리움과 다른 성격을 가진 암호화폐이다. Satoshi Nakamoto 의해 고안된 Proof-of-Work (PoW) 대신 새로 개발 된 리플 프로토콜 합의 알고리즘으로 이루어지므로 비트코인의 치명적인 약점인 확장성 및 소비 전력 등의 문제를 극복하고 있다. 또한 대부분의 암호화폐는 분산화(decentralized) 되어 있지만, 리플은 중앙화(Centralized) 되어있다.

리플은 비트 코인처럼 달러나 엔화 등 법정 통화를 대체하는 것을 목적으로 하지 않고, Ripple 네트워크에서 금융 기관이 발행한 「Issuance」라는 전자 계산서를 통해 국제 송금서비스를 제공하는 것을 목적으로 한다. 리플은 현재 핀테크시장에서 가장 주목받고 있는 결제 프로토콜 중 하나이다. 또한, 블록체인 기능을 통해 국제 거래를 제공함으로써 시간과 비용 그리고 안전성과 개인 보안성까지 보장해 준다. 분산원장 기반으로 작동하는 '실시간결제시스템(real time settlement system, RTS)'으로 전세계에서 다수의 참여자가 발생시키는 대량의 결제를 빠르게 처리하는 역할을 한다.

리플네트워크는 분산원장이라는 개념을 통해, 거래은행들이 서로 공동의 원장을 공유하고 이를 통해 즉시 청산을 받을 수 있도록 지원하는 것이다. 또한 기존의 경우 결제요청통신, 결제완료통신, 청산통신 등이 따로 진행되었기 때문에 잘못된 결제요청 정보나 의도된 통신해킹 등을 통한 결제실패 위험비용이 존재했다. 하시만 리플 네트워크는 그러한 요청을 분산원장에 실시간으로 기록하고 이를 바탕으로 연속적인 진행을 해나감으로써 결제실패 위험과 통신비용 및 운영비용을 획기적으로 감소시킨다.

또한 이체를 주고 받는 은행들이 사전거래통신을 통해 '고객의 신분, 신용도, 수수료, 환율, 인도예상시간 등'의 필요한 모든 결제정보를 검증할 수 있게 지원한다. 이러한 지원을 통해 결제와 관련된 모든 정보를 즉시 알 수 있으며 기존의 은행시스템보다 빠른 정정 및 처리가 가능하다.

이렇게 리플을 통해 제공되는 서비스는 크게 4가지로 정리해볼 수 있다.

1) 개인사업자들을 위한 PG사업(Remittance Service for Retail Customers)
2) 은행 간 국제송금(International Transaction Banking Service)
3) 기업 간 국제송금(International Corporation Payments)
4) 은행 지점들 간 내부송금(Cross-border Intra-bank Currency Transfers)

4. 비전과 전망

리플의 특징은 암호화폐가 지향하는 탈중앙화에 반대한다는 점이다. 즉 친중앙 암호화폐라는 점에서 향후 달러를 대신해서 리플이 국제적으로 쓰일 수 있다는 의견이 속속들이 나오고 있는 상황으로 비트코인이 금이라면 리플은 달러라는 말까지 있을 정도이다. 그에 힘입어 리플은 한 때 1개당 4천 원을 넘기는 기염을 토하기도 하였으며, 원래 가격이 250원이던 동전주이니만큼 리플의 폭등은 코인 투자자들의 이목을 집중시켰다.

영국 가디언에 따르면 2017년이 비트코인의 해였다면 2018년은 리플의 해가 될 가능성이 있으며 작년 한해 가장 많이 오른 암호화폐는 비트코인이 아닌 리플인 것으로 나타났다.

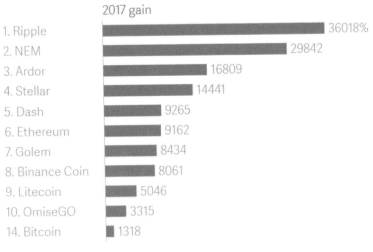

2017's biggest cryptoassets ranked by performance

2017 gain

1. Ripple	36018%
2. NEM	29842
3. Ardor	16809
4. Stellar	14441
5. Dash	9265
6. Ethereum	9162
7. Golem	8434
8. Binance Coin	8061
9. Litecoin	5046
10. OmiseGO	3315
14. Bitcoin	1318

〈코인마켓캡 기준 2017년 가장 많이 상승한 상위 10개 코인〉

코인마켓캡 자료에 따르면 2017년 가장 많이 상승한 상위 10개 코인
은 리플(3만6018%), 뉴이코노미무브먼트(2만9,842%), 아더(1만6,809%), 스
텔라(1만4,441%), 대시(9,265%), 이더리움(9,162%), 골렘(8,434%), 바이낸스
코인(8,061%), 라이트코인(5,046%), 오미세고(3,315%), 비트코인(1,318%) 순
이었다.

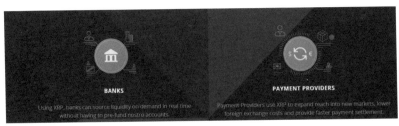

〈리플 사용 사례〉

2017년이 비트코인의 해였다면 2018년은 리플의 해가 될 것이라는 예측이 심심찮게 나오고 있다.

Ripple은 비트코인이나 이더리움과 달리 운영사인 리플이 코인 발행량의 거의 대부분을 보유하고 있다. 공공거래장부 기술을 기반으로 리플코인의 은행 간 국제송금 기능을 집중적으로 개발하고 있다.

리플코인은 비트코인과 달리 미래 전망이 유망한데, 이는 은행 간 국제거래의 지불시스템에 집중하고 있다는 점에서 아주 유리하다. 이런 의미에서 리플코인은 암호화폐 중 현실적인 안정성을 갖추었다고 보아야 하며, 은행 간 거래에 통용되거나 보조화폐로서 이용될 확률이 가장 높다.

최근 문제가 된 비트코인의 거래 속도와 달리 초당 7만 건의 거래를 처리할 수 있는 뛰어난 기술을 리플코인은 갖추고 있다.

5. 상장된 거래소

6. Ripple (2.70%)

#	Source	Pair	Volume (24h)	Price	Volume (%)
1	Bithumb	XRP/KRW	$73,517,500	$0.496416	23.15%
2	Bitbank	XRP/JPY	$38,846,400	$0.488689	12.23%
3	Binance	XRP/BTC	$21,709,400	$0.485487	6.84%
4	Upbit	XRP/KRW	$21,533,800	$0.497358	6.78%
5	Coinone	XRP/KRW	$21,175,800	$0.497358	6.67%
6	Bitfinex	XRP/USD	$20,988,300	$0.483600	6.61%
7	Huobi	XRP/USDT	$18,225,700	$0.483687	5.74%
8	OKEx	XRP/USDT	$8,944,020	$0.484137	2.82%
9	Bitstamp	XRP/USD	$8,797,570	$0.484590	2.77%
10	Korbit	XRP/KRW	$7,643,370	$0.496416	2.41%
		View More			
Total/Avg			$317,562,766	$0.491395	

〈코인마켓캡 기준 상위 10개 상장 거래소〉

6. 홈페이지 정보

공식 홈페이지 : https://ripple.com
리플 백서 : https://ripple.com/files/ripple_consensus_whitepaper.pdf
리플 페이스북 : https://www.facebook.com/ripplepay
리플 트위터 : https://twitter.com/Ripple

7. 소재지 및 연락처

소재지 : San Francisco, United States of America
연락처 : https://ripple.com/kr/contact/#sales

비트코인 캐시
Bitcoin Cash

BitcoinCash

Peer-to-Peer Electronic Cash

거래 용량이 최대 8MB라서 기존 비트코인보다
처리속도가 빠르고 수수료도 저렴

1. 기본정보

- 화폐 표기 : BCH

- 최초 발행 : 2017년 8월 1일

- 발행량 : 17,079,588 / 21,000,000 BCH

- 증명 방식 : PoW(Proof of Work)

- 채굴 가능 여부 : 가능

- 시가총액 : 15조 557억원

- 코인 가격 : 88만 1,504원 (2018.04.18 기준)

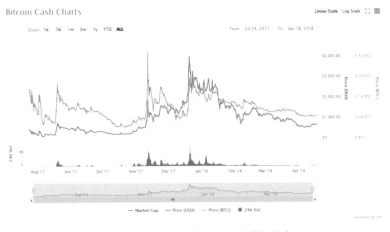

〈2018. 04 기준 코인마켓캡 가격, 거래량 차트〉

2. 개발자

비트캐시의 아버지 우지한(1986년생) – China

우지한 대표는 중국 베이징 대학에서 경제학과 심리학을 전공한 뒤 재무전문가로 활동했다. 2011년 비트코인 백서를 중국어로 번역하며 유명세를 탔으며 제일 많은 해시 파워를 가진 채굴풀과 채굴장을 운영하고 가장 높은 성능의 채굴 ASIC을 제작하는 비트메인(Bitmain) 암호화폐 거래소 CEO이다.

비트코인 캐시 탄생의 주역이며, 2017년 11월 비트코인 캐시 펌핑 사선으로 암호화폐 시장을 크게 요동치게 만들었다. 이 사건을 기반으로 암호화폐 시장에 아시아권 신규 투자자들이 급격히 몰려들었으며, 거래량이 폭발적으로 증가했다. 비트코인 캐시를 메이저 암호화폐로 급부상시키고 2017년 가을의 지지부진한 횡보장을 끝내버린 '게임 체인저'이다.

3. 기능 및 특징
1) 비트코인 캐시 생성과정
먼저 비트코인과 비트코인 캐시가 왜 나누어졌는지 그 원인을 알아보아야 한다. 현재 비트코인을 비롯하여 다양한 암호화폐가 존재하고, 많은 거래소에 그 가치를 인정받으며 거래가 이루어지고 있다. 암호화폐의 기본적인 구조는 컴퓨터 소프트웨어 프로그램을 기반으로 이루어진 것이다. 컴퓨터를 비롯하여 소프트웨어를 조금이라도 아는 사람이라면 한번 만든 기술이 영구적으로 사용되기란 거의 불가능하다는 사실에 동의할 것이다. 즉 소프트웨어는 시간이 지남에 따라 한계가 드러나고 이를 해결할 수 있는 더 좋은 기술이 등장하면 그에 맞는 업그레이드가 진행되어야 한다.

2) 비트코인 거래의 속도저하

마찬가지로 비트코인 또한 소프트웨어를 기본으로 하는 시스템이기에 한계가 드러남에 따라 개발자는 업그레이드를 계획할 수 밖에 없다. 비트코인에서 발생한 문제점의 원인은 사용자가 폭증하면서 이를 처리하는 용량이 부족하게 된 것이다. 비트코인은 10분을 기준으로 1MB(메가바이트) 용량의 블록을 생성하고 거래 내역을 처리하도록 설정되었다. 그러나 사용자가 증가하면서 이러한 용량은 너무 부족하게 되었다. 이에 따라 송금 처리 속도가 늘어지게 되고 여기저기 불만이 터지게 되었다. 속도를 빨리하기 위해 높은 수수료를 지불해야 하는 상황까지 발생하게 된 것이다. 블록체인의 가장 큰 장점은 최저 비용으로 효율적인 송금 처리라는 목표지만, 매우 다른 결과가 나타나게 된 것이다.

3) 세그윗(SegWit)의 등장

비트코인은 위와 같은 문제점으로 지적된 처리 용량을 늘리기 위해 고안한 방법이 바로 '세그윗(SegWit)' 이다. 개발자들은 세그윗을 통해서 복잡한 서명(Witness)을 블록에서 분리하는 방법을 생각해냈다. 그러면 서명이 분리된 자리만큼 용량을 확보할 수 있고 확보된 용량에 거래내역을 더 포함할 수 있게 되는 것이다. 기존의 1MB에서 서명을 분리할 경우 3MB 정도의 확장 효과를 가지기에 현재보다 최대 4배가 많은 처리량을 수행할 수 있고, 그만큼 처리속도가 증가하는 것이다.

4) 개발자와 채굴업자들의 갈등

그러나 세그윗 실행을 앞두고 개발자들(developer)과 채굴업자들(miner) 사이에는 의견 다툼이 발생한다. 당연히 개발자들은 세그윗을 통해서 블록을 단순화하고 처리 용량을 늘리겠다는 입장이었다. 그러나 대규모 채굴업자들은 이러한 세그윗에 반대하는 입장을 내놓았다. 결국 개발자들은 8월 1일에 새로운 소프트웨어를 적용하기로 결정했고 이에 적용된 신호를 보내지 않은 블록은 차단하는 작업을 하겠다고 말하며 둘 사이의 골은 더욱 깊어졌다.

그렇다면 왜 개발자는 업그레이드를 단독으로 진행하지 못하고 채굴업자들의 눈치를 보는 것일까? 이는 비트코인의 기반이 되는 블록체인의 특징을 보면 알 수 있다. 비트코인은 거래장부가 담긴 블록을 모든 사용자가 나눠서 가지고 있다. 그래서 이를 '공공 거래장부'라고 부르기도 한다. 따라서 거래 장부를 가지는 모든 이들이 결정권을 가지고 있다. 업그레이드를 하는 경우에도 개발자가 단독으로 결정하고 실행할 수가 없으며, 반드시 그들의 동의가 필요하다. 그렇기에 대규모 채굴업자들의 동의가 없다면, 새로운 업그레이드는 매우 어렵게 된다.

5) 채굴업자들의 입장

비트코인을 얻기 위해서는 두 가지 방법이 있다. 하나는 거래를 통해 비트코인을 구입하는 방법이다. 다른 하나는 블록에 설계된 어려운 수학 문제를 풀고 나면 이에 대한 대가로 비트코인을 받게 되는 방법이다. 이러한 행동이 광에서 금을 캐는 광부와 비슷하다 하여 마이닝(Mining, 채굴), 그러한 사람을 마이너(Miner, 채굴자)라고 부른다. 마이너는 컴퓨터를 이용해 어려운 수학 문제를 풀어가고 그에 대한 대가로 비트코인을 얻는다. 무엇보다 마이너가 꼭 필요한 이유는 그들의 채굴 활동 덕에 비트코인 송금이 더욱 안전한 거래로 인정을 받게 되는 것이기에 만일 마이너가 없다면 비트코인 송금 자체는 불가능하다고 봐야 한다. 즉 비트코인 시스템 안에서는 꼭 필요한 존재이다.

6) 개발자들의 입장

그런데 예상치 못하게 비트코인 시장이 확대되면서 마이너들의 힘 또한 지나치게 커지게 되었다. 개발자들은 비트코인의 분권화된 특징과 이로 인한 보안성을 중요하게 생각하는데 마이너들의 힘이 너무 커지자 위협을 느끼게 되었다. 만일 마이너들이 단합하여 비트코인 네트워크를 공격할 경우 큰 위기가 발생할 수도 있다고까지 생각하게 된 것이다. 이런 상황에서 세그윗이라는 업그레이드를 화두로 개발자와 채굴업자 사이에서는 묘한 긴장감이 생겼다. 채굴업자들은 업그레이드를 진행할 경우 '기존의 자신들이 사용하던 장비로는 채굴에 대한 보상으로 얻는 비트코인의 양이 적어지거나 없을지도 모른다'는 우려를 내비치며 이에 반대를 하게 된 것이다. 결국 그들은 세그윗에 반발을 하고 BCH라는 것을 만들게 된다. BCH라는 새로운 통화를 이해하기 위해서는 하드포크라는 개념을 알아야 한다.

7) 하드포크

하드포크(Hard-Fork)에서 말하는 포크(Fork)라는 것은 업그레이드를 의미한다. 소프트포크(Soft-Fork)의 경우 간단하게 업그레이드가 이루어지게 되며 기존의 블록체인을 그대로 이용하기에 큰 변화는 겪지 않는다. 반면 하드포크는 더 높은 차원의 업그레이드가 이루어진다고 생각하면 된다. 기능을 개선하기 위해, 혹은 오류나 문제점을 수정하기 위한 목적으로 보통 하드포크가 실행된다. 이 경우는 기존의 블록체인과 호환하지 않는 새로운 블록체인이 생겨난다.

8) 새로운 블록체인을 기반으로 한 BCH탄생

New Features

Block Size Limit Increase - Bitcoin Cash provides much needed relief to users with an immediate increase of the block size limit to 8MB.

Replay and Wipeout Protection - Should two chains persist, Bitcoin Cash minimizes user disruption, and permits safe and peaceful coexistence of the two chains, with well thought out replay and wipeout protection.

New SigHash Type - As part of the replay protection technology, Bitcoin Cash introduces a new way of signing transactions. This also brings additional benefits such as input value signing for improved hardware wallet security, and elimination of the quadratic hashing problem.

〈비트코인 캐시 특징〉

　세그윗으로 분란이 일어나고 있는 틈에 중국 거래소 2곳은 '자신들만의 길을 갈 것이다'라고 선포하며 세그윗이 아닌 하드포크를 이용한 아예 새로운 블록체인 기반 암호화폐를 만들겠다고 선언한다. 이에 따라 8월 1일에 2곳의 중국 거래소에서 시작된 하드포크가 실행되면서 비트코인 블록체인은 기존 비트코인(Bitcoin) 블록체인과 비트코인 ABC(Bitcoin ABC)라는 새로운 블록체인, 2종류로 나뉘게 된다. 비트코인 ABC 블록체인의 경우 기존 비트코인 블록체인이 사용하는 화폐였던 비트코인(BTC)이 아닌 새로운 암호화폐 비트코인 캐시(BCH, Bitcoin Cash)를 사용하게 된다. 비트코인은 세그윗 논란에서 시작된 문제가 하드포크로 인한 블록체인의 분리와 새로운 화폐가 등장하는 상황으로까지 번지게 된 것이다. BCH의 경우 기존 블록체인에서 분리가 됐다기 보다는 새로운 블록체인을 기반으로 탄생한 것이라 볼 수 있다.

〈비트코인 캐시 장점〉

4. 비전과 전망

채굴업자들은 BCH를 고안하고, 8월 1일 오후 9시 전후를 기점으로 비트코인 보유자들에게 비트코인 1개당 BCH 한 개를 지급한다고 말했다. 즉 비트코인 보유자는 자신이 보유한 수량만큼의 BCH를 갖게 된 것이다. BCH의 탄생을 두고 개발자들의 입장은 기존 비트코인 가치에 영향을 미칠 수 있다는 이유로 우려를 나타냈다. 비트코인과 BCH가 경쟁하는 상황에서 비트코인 가격이 떨어질 수 있다고 생각했던 것이다.

현재 비트코인캐시에 관하여 여러 가지 루머와 호재성 전망이 동시에 일어나고 있는 싱황이다. 일부 비트코인 사용자들은 기존 비트코인(BTC)을 '디지털 금'의 상징적 자산으로 삼고, 비트코인 캐시(BCH)를 결제에 쓰는 결제수단 개념으로 양존 가능성을 기대하고 있다. 반면 비트코인(BTC)이 네트워크 업그레이드를 통해 송금 지연 문제를 해결할 때 비트코인 캐시의 존재 가치는 급락할 수 있다. 물론 반대로 비트코인 캐시가 시장 장악력을 증가시키면서 기존 비트코인의 자산가치를 축소시킬 수도 있다. 많은 사람들이 우려하던 가격급락의 현상은 일어나지 않았지만 생성된지 얼마 안된 신생코인인 만큼 조금 더 지켜봐야 할 필요가 있어 보인다.

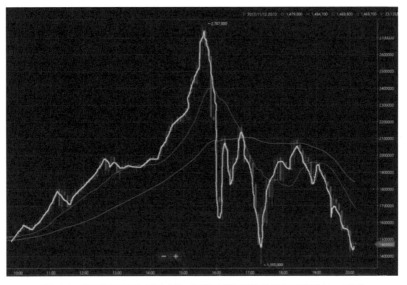

〈2017년 11월 12일 B사의 서버다운 과정을 겪은 격동의 비트코인캐시 그래프〉

5. 상장된 거래소

5. Bitcoin Cash (2.82%)

#	Source	Pair	Volume (24h)	Price	Volume (%)
1	HitBTC	BCH/BTC	$45,744,300	$660.32	13.77%
2	OKEx	BCH/BTC	$36,877,600	$659.38	11.10%
3	OKEx	BCH/USDT	$32,423,300	$657.79	9.76%
4	Huobi	BCH/USDT	$27,543,300	$656.69	8.29%
5	Lbank	BCC/BTC	$24,053,900	$663.61	7.24%
6	Bitfinex	BCH/USD	$21,145,100	$656.48	6.36%
7	Bit-Z	BCH/BTC	$14,766,500	$659.42	4.44%
8	Binance	BCC/BTC	$11,807,100	$659.42	3.55%
9	CoinBene	BCH/USDT	$8,028,190	$655.86	2.42%
10	GDAX	BCH/USD	$7,240,640	$655.33	2.18%
		View More			
Total/Avg			$332,289,662	$658.95	

〈코인마켓캡 기중 상위 10개 상장 거래소〉

6. 홈페이지 정보

공식 웹사이트 : https://www.bitcoincash.org/
백서 : https://www.bitcoincash.org/bitcoin.pdf
페이스북 : https://www.facebook.com/bitcoincashorg
트위터 : https://twitter.com/bitcoincash

7. 소재지 및 연락처

소재지 : 미확인
연락처 : bitcoin-ml@lists.linuxfoundation.org

라이트코인

Litecoin

Bitcoin is gold,
Litecoin is silver

비트코인을 금에 비유하자면,
은에 해당하는 라이트코인

1. 기본정보

- 화폐 표기 : LTC

  - .001 : mLTC (millicoin, 밀리코인)

  - .000001 : µLTC (microcoin, 마이크로코인)

  - .00000001 : Litoshi (리토시)

- 최초 발행 : 2011년 10월 7일

- 발행량 : 56,132,688 / 84,000,000 LTC(비트코인 발행량 2100만 개의 정확히 4배)

- 증명 방식 : PoW(Proof of Work)

- 채굴 가능 여부 : 가능

- 시가총액 : 8조 6,874억원

- 코인 가격 : 15만 4,771원(2018.04.18 기준)

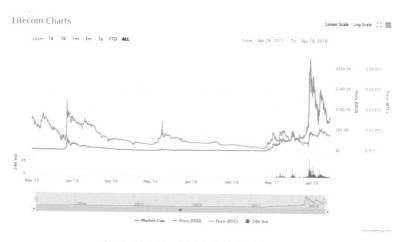

〈2018. 04 기준 코인마켓캡 가격, 거래량 차트〉

2. 개발자

Charlie Lee(찰리 리) − United States of America

찰리 리는 1990−1995년 The Lawrenceville School을 다녔다.

Massachusetts Institute of Technology(우리가 흔히 말하는 MIT)에서 1995−1999년 BS, Computer Science를 전공.

1999−2000년 MEng, Computer Science.

2000−2003년까지 Kana Communications에서 소프트웨어 개발

2003.6월−2007.7월까지는 Guidewire Software란 곳에서 소프트웨어 개발

2007.9월−2013.7월까지는 구글(google)에서 소프트웨어 개발

구글 재직 시인 2011년 10월에 라이트코인을 만들어서 발표했다.

2013.7월−2017년 6월까지는 코인베이스에서 책임 개발자로 일하면서 코인베이스에 많은 기여를 하였고, 현재는 샌프란시스코에서 라이트코인 관련 일을 하며 살고 있다.

라이트코인 개발자가 라이트코인을 발표할 때 첫 마디이다.

"우리는 비트코인과 유사한 디지털화폐를 만들고 싶었고, 그 노력의 산물로 라이트코인을 만들어냈습니다. 비트코인을 금에 비유하자면, 우리는 은에 해당하는 라이트코인을 만들었습니다. 많은 종류의 디지털

화폐가 만들어지고 없어지기도 했습니다. 그들이 혁신을 가져오기도 했지만, 그들 모두 단점을 지니고 있었습니다."

3. 기능 및 특징

라이트 코인은 비트코인의 파생 화폐이며, 기술 적용에 있어서 매우 빠르고 선도적이며 전송속도도 매우 빠른 편이기 때문에 상용화와 실결제 수단에 매우 근접한 암호화폐이다. 기술적인 면으로는 비트코인과 거의 동일한 알고리즘을 사용하지만 몇 가지 큰 차이점이 존재한다.

라이트코인은 최대 채굴량이 비트코인의 4배, 약 8,400만 개이다. PC용 GPU로도 채굴이 가능하다. 비트코인 블록은 매 10분마다 갱신되지만, 라이트코인 블록은 매 2.5분(비트코인의 1/4)마다 갱신된다. 따라서 비트코인보다 대략 4배 빠른 거래가 이루어진다.

라이트코인은 비트코인을 중심에 두고 개발된 만큼, 거의 모든 기술적 측면은 비트코인과 동일하다. 다만, 비트코인의 단점을 보완하고 좀 더 나은 암호화폐를 목표로 두고 있다.

채굴방법

라이트코인은 PC용 GPU로도 채굴 가능하여 간편하다.

라이트코인 채굴은 Scrypt라는 암호 알고리즘을 사용하여 비트코인보다 효율성을 높였다.

한동안 구현하기 어려웠던 Scrypt를 2014년 말부터 새롭게 출시해 발전해오고 있다.

4. 비전과 전망

한국 시각으로 2017년 12월 20일 오후 5시 즈음, 찰리 리는 본인의 레딧에 글을 하나 올렸다. 찰리는 자신의 라이트코인 보유분을 모두 기부(라이트코인 재단에 기부) 및 매도하였다고 밝혔다. 자신이 라이트코인에 관한 새소식(호재)을 트윗할 때마다 라이트코인의 가격 상승을 유도한다는 비판을 원천적으로 차단하기 위해서라고 한다. 그는 앞으로도 자신의 모든 열정과 노력을 라이트코인의 상승과 발전에 쏟을 것이라고 밝혔다.

하지만 찰리의 결정에 대해서 주요 언론들의 반응은 엇갈리고 있다. 찰리 리가 현금화에 대한 비난을 피하기 위해 핑계를 대는 것이라는 비난도 있다. 그러나 찰리는 LTC 매도 없이도 ICO 어드바이징을 통해 단기간 내에 손쉽게 엄청난 돈을 손에 넣을 수 있는 영향력을 가진 인물이다. 라이트코인 보유자들은 그런 인물이 암호화폐 생태계를 위해 직접적 ICO에 단 한번도 어드바이징하지 않았다는 점을 들어 찰리 리를 옹호하고 있는 상황이다.

2017년 5월 프로토콜의 서명 부분을 개선하여 블록 크기를 증가시키지 않았지만, 블록 크기를 증가시킨 것과 똑같은 효과를 내는 세그윗 기술을 성공적으로 실행하여 신기술 개발을 촉진할 수 있다는 점에서 굉장히 긍정적인 평가를 받았다.

또한 비트코인 API와 완벽한 호환성 덕분에 비트코인 결제 시스템 혹은 플랫폼에 라이트코인을 쉽게 추가할 수 있는 호환성을 자랑하고 있다. 아직은 개발 중에 있지만 라이트닝 네트워크가 개발이 완료되면 현재보다 약 100만 배 정도의 거래 속도를 올릴 수 있을 것으로 예측하고 있다.

〈카드사의 견제로 무기한 연기 된 라이트 페이 직불카드〉

5. 상장된 거래소

4. Litecoin (3.31%)

#	Source	Pair	Volume (24h)	Price	Volume (%)
1	OKEx	LTC/USDT	$77,490,500	$176.51	16.48%
2	OKEx	LTC/BTC	$69,728,800	$176.42	14.83%
3	GDAX	LTC/USD	$45,345,500	$176.55	9.64%
4	Bitfinex	LTC/USD	$35,746,600	$176.31	7.60%
5	Bit-Z	LTC/BTC	$35,411,100	$176.61	7.53%
6	Binance	LTC/BTC	$26,355,600	$176.62	5.61%
7	Huobi	LTC/USDT	$21,065,900	$176.71	4.48%
8	Binance	LTC/USDT	$20,575,000	$176.45	4.38%
9	CoinsBank	LTC/USD	$10,836,200	$176.75	2.30%
10	Bitstamp	LTC/USD	$9,295,050	$176.21	1.98%
		View More			
Total/Avg			**$470,186,863**	**$176.50**	

〈코인마켓캡 기준 상위 10개 상장 거래소〉

6. 홈페이지 정보

라이트코인 소개 사이트 : https://litecoin.org/
라이트코인 홈페이지 : https://litecoin.com/
트위터 : https://twitter.com/LitecoinProject
라이트페이 홈페이지 : https://www.litepay.us/

7. 소재지 및 연락처

주소 : 미확인
연락처 : contact@litecoin.org

네오
NEO

An Open Network For Smart Economy

이더리움과 같은 스마트 컨트랙트 생태계 표방.
스마트 경제의 플랫폼을 지향하는
중국의 가장 큰 암호화폐

1. 기본정보

- 화폐 표기 : NEO

- 최초 발행 : 2016년 10월 17일

- 발행량 : 65,000,000 / 100,000,000 NEO

- 증명 방식 : DBFT (delegated Byzantine Fault Tolerance)

- 채굴 가능 여부 : 불가능

- 시가총액 : 4조 9,514억원

- 코인 가격 : 7만 6,170원(2018.04.18 기준)

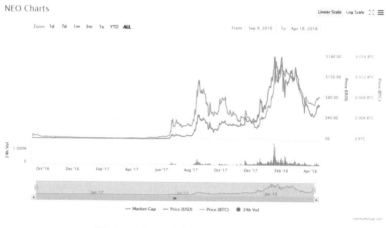

〈2018.04 기준 코인마켓캡 가격, 거래량 차트〉

2. 개발자

Da Hongfei(다 홍페이) _ China
중국 ONCHAIN _ CEO

3. 기능 및 특징

1) 개미코인에서 네오(NEO)로

네오(NEO) 코인은 원래 개미코인(ANTSHARES, ANS)으로 시작했다. 개발팀은 다양한 마케팅 활동을 하던 중 2017년 3분기부터 새로운 이름을 만들며 코인의 이미지를 확 바꾸었다. 2017년 6월 27일에 향후 계획과 함께 새로운 이름을 소개하면서 개미코인이라는 이름 대신 네오(NEO)라는 이름이 세상에 알려졌다.

네오(NEO)는 모든 개발 언어를 지원하며 이를 바탕으로 한 폭넓은 기술력이 장점이다. 네오(NEO)는 NVM을 통해 자바, 파이썬, 마이크로소프트넷 등 거의 모든 언어를 지원한다. 예를 들어 이더리움을 개발하기 위해서는 반드시 솔리더티 프로그래밍을 배워야 한다. 반면 모든 언어를

〈네오란 무엇인가〉

지원하는 네오(NEO)의 기술 덕분에 개발자는 본인이 사용하던 개발 언어를 그대로 사용하여 보다 쉽고 편하게 스마트 계약을 작성할 수 있다.

네오(NEO)는 POW 방식이 아닌 POS 방식을 사용한다. 이더리움도 POS로 전환을 시도 중인 것을 고려한다면 이 부분에서는 네오(NEO)가 한발 더 앞섰다. 또한 네트워크에 문제가 생겼을 경우 DBFT 방식으로 해결을 하기 때문에 매우 높은 방어막을 가진 코인으로 설계되어 있다.

네오(NEO)는 2017년 한 해를 기준으로 가격을 살펴볼 때 약 100배에 달하는 가격 상승을 보였다. 위의 그래프에서 확인할 수 있듯이 잠잠하던 네오(NEO) 가격이 6월 말부터 조금씩 상승세를 타기 시작하더니 8월 초에 엄청난 가격 폭등이 있었다. 특히 8월 초의 약 일주일의 시간 동안 엄청난 가격 폭등이 벌어졌는데 이 배경에는 NEO-GAS 배당금 시스템이 있었다.

네오(NEO)는 전용 지갑에 네오(NEO)를 보관할 경우 가스(GAS)라는 코인을 배당해주고 있었다. 네오 1,000개를 네오 전용 지갑에 보관하면 하루에 0.5개씩 가스(GAS)가 배당되는 것이다. 그런데 이 가스의 가격이 엄청나게 오르게 되고 일시적으로 네오(NEO)의 가격을 넘어서는 순간까지 일어난다. 당연히 가스가 상승한 만큼 네오(NEO)도 영향을 받아 함께 가격이 오르게 되었다. 이러한 네오(NEO)와 가스의 상황이 암호화폐 시장에 알려지게 되고 더 많은 사람들이 여기에 뛰어들게 된다. 당연히 더 많은 사람들이 몰려들자 가격은 더 높이 뛰는 결과가 발생했다. 이러한 사건으로 인해 많은 사람들에게 NEO를 좀 더 알릴 수 있는 기회가 생겼다.

2) 중국 최초 블록체인

네오(NEO)를 창립한 Da Hongfei는 중국 ONCHAIN사의 대표이기도 하다. ONCHAIN사는 중국 내에서 블록체인을 최초로 국가표준 승인을 받은 기업 중 하나이다. 블록체인과 관련해 다양한 연구를 하고 있는 회사이다. 블록체인 공간과 커뮤니티 개발, 그와 관련한 다양한 기술 교류와 협업 등 2014년부터 꾸준하게 다양한 분야와 영역에서 블록체인을 연구하고 개발한 회사이다. 물론 이 회사의 가장 크고 중요한 프로젝트는 네오(NEO)이다. 이러한 기반이 있기 때문에 네오(NEO)는 보다 탄탄하게 성장해 가고 있다. 네오(NEO)의 목표는 단순히 블록체인을 기반으로 한 암호화폐에서 멈추는게 아닌, 네오(NEO)를 통해 표준화와 상용화가 이루어질 수 있도록 하기 위해 다각도로 연구하며 개발 진행 중에 있다.

네오(NEO) 코인의 발행량은 총 1억 개이다. 그러나 유통된 코인은 총 발행량의 절반에 해당하는 6,500만 개뿐이다. 나머지는 앞으로 세계 블록체인 시장을 개발하기 위해 사용한다고 한다. 전 세계를 목표로 하고 있는 만큼 나머지 절반의 사용이 앞으로 네오(NEO)의 발전을 위해 다국적 기업들의 참여를 이끌어내는 신의 한 수가 될 수도 있다.

네오(NEO) 개발팀은 자신들의 기술에 매우 큰 지부심과 책임을 가지고 있다. 보통 코인 가격 상승을 유도하기 위해 새로운 회의나 무언가를 진행할 때는 생성되는 루머도 많고 사람들을 홀릴만한 소식을 일부러 발표하기도 한다. 그러나 네오(NEO) 개발팀은 거짓 소문에 대해서는 분명한 답변을 제시하고 오로지 자신들의 기술에 대해서만 공식적인 언급을 하고 있다. 그만큼 기술에 대한 신뢰를 가지고 있다는 것이다. 이러한 네오(NEO)의 행보가 아무래도 사용자에게는 더 큰 신뢰감을 주는 거라 예상한다.

4. 비전과 전망

중국인들은 중화사상의 영향을 받아 자국산 제품을 유독 사랑하는 것으로 유명하다. 암호화폐에서도 역시 자국산 코인을 사랑하는 것은 여전하다. 또 앞으로 암호화폐를 본격적으로 활용해야 하는 시기가 발생하면 중국에서는 자국산 코인인 네오로 쏠림 현상이 발생할 것으로 생각한다. 공산당이라는 정치 체제를 갖고 있는 중국 정부의 지원을 받는다는 것 자체가 네오코인의 최고 매력이라고 할 수 있다. 아마존과 구글이 힘을 못 쓰는 거의 유일한 나라인 중국에서 어떻게 알리바바와 바이두가 중국 시장을 점령하고 있는지 생각해보면 중국 정부의 지원이라는 매력은 엄청나다고 생각할 수 있다. 앞으로 이더리움이 서양권 시장을 장악한다는 가정을 하면 동양권 시장은 네오가 지배할 것이라는 예측은 당연하다.

이미 알리바바라는 대기업을 등에 업고 마이크로소프트와도 협력 관계에 있는 네오이고, C# 혹은 JAVA 같은 메이저 프로그래밍 언어부터 스마트 계약, DApp 코딩 역시 지원하고 있으며, 앞으로 더 많은 C언어를 지원할 계획인 네오는 보안문제 역시 개선하였다.

네오(NEO)는 단순히 코인에 머물지 않고 플랫폼으로 자리 잡기 위해 노력을 하고 있다. 더 큰 성장을 위해서는 무엇보다 다국적 기업들과의 연계가 중요하다. 사실 아직은 가격 등락폭도 심하고 성장통을 겪고 있는 단계인 만큼 불안정한 요소도 존재한다. 또한 중국 내 코인 거래소 폐쇄의 영향으로 중국을 기반으로 한 NEO코인의 향후 움직임도 관심있게 지켜봐야 할 것이다.

5. 상장된 거래소

11. NEO (0.83%)

#	Source	Pair	Volume (24h)	Price	Volume (%)
1	Binance	NEO/USDT	$27,398,500	$91.47	22.53%
2	CoinEgg	NEO/BTC	$19,907,600	$92.67	16.37%
3	Upbit	NEO/KRW	$15,419,200	$94.01	12.68%
4	Bitfinex	NEO/USD	$12,360,600	$91.24	10.16%
5	Binance	NEO/BTC	$11,093,200	$91.20	9.12%
6	OKEx	NEO/USDT	$5,489,160	$92.29	4.51%
7	OKEx	NEO/BTC	$4,445,450	$92.31	3.66%
8	Binance	NEO/ETH	$4,322,950	$91.45	3.55%
9	Bittrex	NEO/BTC	$3,175,950	$91.25	2.61%
10	Huobi	NEO/BTC	$2,486,370	$91.28	2.04%
		View More			
Total/Avg			$121,606,170	$92.08	

〈코인마켓캡 기준 상위 10개 상장 거래소〉

6. 홈페이지 정보

공식 홈페이지 : https://neo.org/
백서 : http://docs.neo.org/ko-kr/
페이스북 : https://www.facebook.com/NEOSmartEcon/
트위터 : https://twitter.com/neo_blockchain
깃허브 : https://github.com/neo-project

7. 소재지 및 연락처

소재지 : 미확인
연락처 : contact@neo.org

대시
DASH

A revolutionary digital money system

디지털 캐시, 마스터 노드를 통한 개인정보보호.
빠른 전송, 빠른 컴펌 시간과 저렴한 비용 플랫폼.

1. 기본정보

- 화폐 표기 : DASH

- 최초 발행 : 2014년 2월 14일

- 발행량 : 8,016,203 / 18,900,000 DASH

- 증명 방식 : PoW(Proof of Work) + PoS (Proof of Stake)

- 채굴 가능 여부 : 가능

- 시가총액 : 3조 4,222억원

- 코인 가격 : 42만 6,916원 (2018.04.18 기준)

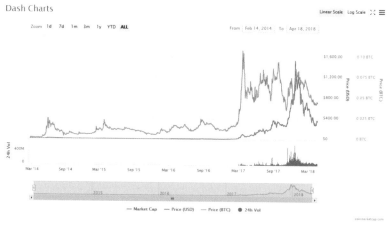

〈2018.04 기준 코인마켓캡 가격, 거래량 차트〉

2. 개발자

에반 더필드(Evan Duffield) – United States of America

소프트웨어 개발, 기계학습, 인공지능, 데이터베이스, C++, C, 펄, PHP, MySQL, 리눅스(Linux) 등의 전문가이며, 개발자로 10년 이상의 경력을 보유하고 있다. 그는 2017년 4월 대시의 최고경영(CEO) 자리에서 물러났다.

2018년 3월 현재 대시의 최고경영자는 라이언 테일러(사진: Ryan Taylor)이다. 그는 1999년에 아리조나 주립대학교에서 경영학 학사학위를 취득한 후, 2003~2005년에 콜롬비아 대학교에서 MBA를 취득했다. 그는 유명 복합기업 허니웰에서 3년간 일한 후, 글로벌 컨설턴트 기업 맥킨지&컴퍼니로 이직하여 약 7년간 일했다. 2016년부터 대시 팀에 합류했으며, 2017년 4월부터 최고경영자로 일하기 시작했다.

3. 기능 및 특징

대시의 설립자 에반 더필드는 비트코인(Bitcoin) 트랜잭션이 송금주소, 송수신자 등 개인 중요 정보가 모두에게 공개되어 익명성이 부족하고, 전송속도가 느리다는 문제점을 깨달았다. 이를 극복하고자 여러 개선방법을 고안했지만, 비트코인의 개발진이 자신의 의견을 받아들이지 않을 것으로 생각했고, 결국 대시라는 새로운 코인을 만들게 되었다.

대시코인은 익명성을 부각시킨다는 의미에서 2014년 1월 18일 엑스코인으로 등장했다가 다크코인으로 개명했다. 아무래도 X, DARK라는 이름이 어둠의 세계에서 많이 쓰는 단어이다보니 불법적인 사이트 관련 루머가 우후죽순으로 생기면서 2015년에 Digital과 Cash의 줄임말인 대시(DASH)로 변경되었다.

대시와 비트코인의 차이점은 비트코인은 블록체인(거래장부)이 모두 공개가 되지만, 대시는 마스터 노드를 구성하여 최소 3개 이상의 거래를 섞어 처리함으로써 거래기록을 숨길 수 있다. 즉, 3개 이상의 거래가 섞이기 때문에 누가 누구에게 보냈는지 알 수가 없다. 그렇기 때문에 추적이 어렵고 익명성이 높은 암호화폐라 할 수 있다. Dash는 지불 수단의 용도로 특화되어 있는 코인으로 초당 트랜잭션이 높은 암호화폐이다. 또한 거래 속도가 10분이나 걸리는 비트코인에 비해 대시는 거래승인 속도를 1초 이내로 줄여 평균 2.5분의 컨펌속도가 가능하다.

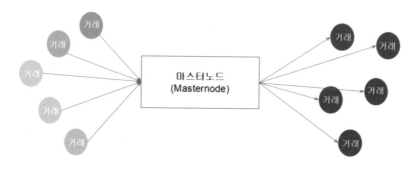

〈대시의 마스터 노드를 통한 거래 시스템〉

Masternode 사용자는 제안서에 투표권을 부여 받는다. 이 투표권으로 대시 코인에 영향을 미치는 중요한 안건에 투표를 할 수 있다.

대시 코인의 특징 중 하나는 POS와 POW가 동시에 된다는 특징이 있다. 대시 코인의 POW 방식의 채굴은 암호 계산을 하여 블록을 생성하게 되고 1,000개의 대시 코인을 가지게 되면 지갑에 넣은 후 프로그램을 돌리게 되면 마스트 노드 프로그램이 운영되면서 이자를 대시로 받는다는 것이다.

대시는 ICO를 하지 않았다. 다만 프리마이닝과 유사한 인스타마인 (Instamine, 총 발행량의 10%)을 통해 초기 개발자금을 마련했다. 이후에는 채굴 보상의 10%가 개발 및 마케팅 자금으로 할당되었다. 대시의 모든 코인은 채굴 보상을 통해 공급된다. 따라서 기본적으로 작업증명(PoW) 으로 공급되지만, 추가적으로 서비스 증명(PoS)이라는 개념을 통해 마스 터노드가 일정한 역할(익명성, 전송 속도 향상 등)을 수행한다.

4. 비전과 전망

대시(Dash)는 세계에서 가장 사용자 친화적이고 확장성이 뛰어난 지불 중심의 cryptocurrency를 목표로 하고 있다. Dash 네트워크는 즉각적 인 거래 확인, 이중 지출 보호, 실제 현금과 동일한 익명성, 인센티브가 부여된 전체 노드 및 명확한 로드맵, 자체 자금 조달 모델을 특징으로 한다. Dash는 Bitcoin을 기반으로 하고 Bitcoin 에코 시스템의 많은 주 요 구성 요소와 호환되지만 2계층 네트워크 구조는 트랜잭션 속도, 익명 성 및 관리 방식을 크게 향상시킨다. 이 섹션에서는 블록 체인 경제에서 Dash를 구분하는 주요 기능에 대해 설명한다.

대시 코인이 브라질 1만3천여 개의 가맹점에서 이용 가능할 거라는 뉴 스가 나왔었다. 대시 코인 출금이 가능한 ATM이 100개 넘게 있기도 하 고 오스트리아 BitPanda 회사와도 파트너십을 체결하여 대시 바우처를 판매한다고 한다.

대시는 마스터 노드의 위치가 항상 노출되어 있기 때문에 해킹 위험 이 존재하지만 POS, POW 동시 채굴을 할 수 있으며 뿐만 아니라 실시 간 이체 확인도 가능하다고 한다. 뛰어난 장점과 함께 단점도 존재하기 에 앞으로의 횡보에 관심을 가질 필요가 있겠다.

5. 상장된 거래소

16. Dash (0.59%)

#	Source	Pair	Volume (24h)	Price	Volume (%)
1	HitBTC	DASH/BTC	$20,812,200	$445.79	19.02%
2	Huobi	DASH/USDT	$20,236,300	$447.21	18.50%
3	Huobi	DASH/BTC	$9,300,290	$443.83	8.50%
4	Bitfinex	DASH/USD	$5,388,070	$445.52	4.93%
5	YoBit	DASH/BTC	$4,143,130	$446.84	3.79%
6	Binance	DASH/BTC	$3,799,210	$444.61	3.47%
7	Bittrex	DASH/BTC	$3,113,330	$443.05	2.85%
8	Bitfinex	DASH/BTC	$3,094,450	$446.11	2.83%
9	Bit-Z	DASH/BTC	$2,969,560	$445.88	2.71%
10	Poloniex	DASH/BTC	$2,853,940	$444.69	2.61%
		View More			
Total/Avg			$109,397,109	$445.77	

〈코인마켓캡 기준 상위 10개 상장 거래소〉

6. 홈페이지 정보

홈페이지 : https://www.dash.org
백서 : https://github.com/dashpay/dash/wiki/Whitepaper
페이스북 : https://www.facebook.com/DashPay/
트위터 : https://twitter.com/Dashpay

7. 소재지 및 연락처

소재지 : Scottsdale, Arizona, United States
연락처 : contact@dash.org

넴
NEM

New Economy Movement
THE SMART ASSET
BLOCKCHAIN

스마트 에셋 블록체인 플랫폼.

1. 기본정보

- **화폐 표기** : XEM
- **최초 발행** : 2015년 3월 31일
- **총 발행량** : 8,999,999,999 XEM(90억 개-1개)
- **증명 방식** : PoI(Proof of Importance)
- **채굴 가능 여부** : 불가능
- **시가총액** : 3조 6,673억원
- **코인 가격** : 408원 (2018.04.18 기준)

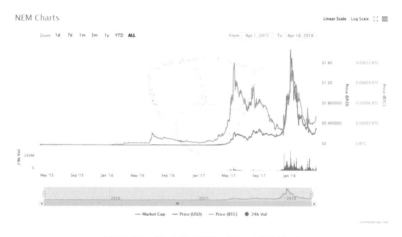

〈2018. 04 기준 코인마켓캡 가격, 거래량 차트〉

2. 개발자

넴의 최초 개발자는 마코토 타케미야라는 일본인이라고 알려졌으나, 넴 재단은 이 내용을 반박했다. 2017년 4월에 출간 된 토시하사 카노우치의『가상화폐와 블록체인』이라는 책에서 마코토가 넴의 개발을 주도했다는 내용이 있었으나 넴 재단에서는 부정했다.

넴 재단의 재단장인 Lon Wong(론옹)은 싱가포르인이며, 넴 재단은 싱가포르에 비영리 기관으로 등록되어 있다. 등록은 싱가포르에 되어 있으나, 개발진 및 협력사 등 일본과 밀접한 관계를 맺고 있다.

Lon Wong(론옹)_Singapore

3. 기능 및 특징

NEM은 'New Economy Movement'를 줄여서 부르는 이름으로 거래소마다 NEM 또는 XEM의 약어로 넴 코인 또는 뉴이코라고 부르기도 한다. NEM은 비트코인의 블록체인 기술을 기반으로 하여 비트코인의 몇가지 불편한 문제점을 개선하는 방식으로 플랫폼을 시작한다. 비트코인은 현재 블록생성 시간이 느리다(10분)는 단점을 상대적으로 가지고 있는데 그 단점을 NEM은 1분으로 줄였다.

NEM 기술진은 2014년 6월 25일부터 광범위하게 공개적으로 알파테스트를 했다. 그리고 2014년 10월 20일부터 장시간 여러 부분으로 나누어 베타테스트를 진행했다. 그러한 테스트를 통해 문제제기된 부분을 모두 수정하고 드디어 2015년 3월 31일에 Genesis 블록을 생성하면서 시작을 알렸다.

주요핵심 메커니즘 : 블록체인 기술 위에 평판(reputation)을 기반으로 한 PoI(proof of Importance) 알고리즘(개인들의 평판에 기반한 알고리즘).

NEM은 P2P(Peer to peer) 암호화 플랫폼이다. 프로그램언어는 100% 자바와 자바스크립트 기반이다. 우리나라에서 2세대 코인 이더리움 급으로 일본에서 호응을 얻고 있는 코인으로, 투기적 요소가 적어서 안정적이다.

넴(XEM)코인은 세계 최초의 smart Asset 블록체인이다. 통화, 공급망, 공중, 소유권 기록 등 대부분의 자산을 관리할 수 있는 플랫폼을 제공한다. 손쉽게 빠른 설치가 가능하고 휴대폰에 모바일 지갑을 설치할 수 있다. 이 지갑을 통해 수확을 하면 추가로 넴 코인을 받을 수도 있다.

※ Harvesting(수확) : 넴코인에서는 블록을 발행하고 수수료를 얻는 행위들을 채굴이라하지 않고 'Harvesting(수확)'이라고 한다.

- NEM 기술력
    - 통합 P2P보안
    - 암호화 메시지 전송 시스템
    - 다중 서명 계정
    - Eigentrust++평판 시스템 Eigentrust++ reputation system 확인

NEM은 PoI (proof of importance) 알고리즘을 사용한다. 최초의 평판(reputation) 기반 블록체인 알고리즘이다. PoI란 Proof of Importance 의 약자로 PoW, PoS 방식과는 달리 활발히 거래를 할 수록 시스템에서 중요도를 높게 측정하여 더 많은 양을 수확해 주는 알고리즘이라고

할 수 있다. 즉, 단순히 많은 양의 화폐를 보유했다는 이유만으로 보유자에게 보상을 해주지 않고, 각 계정에서 얼마나 많은 거래를 처리했는지 거래량과 신용을 평가하고 그 기준으로 새로운 코인을 생성하는 것이 아닌, 거래 수수료를 분배하는 시스템이다. NEM의 블록 생성 시간은 약 1분이다(평균적으로 1분, 정확하게 딱 1분은 아님). NEM도 그렇고 대부분의 디지털화폐가 그렇지만, 발행량이 정해져 있어서 인플레이션이 없다. (NEM의 발행량은 90억 개-1개) 정부-사회구성원으로의 유통이 아닌, 개인과 개인의 유통으로 인해 화폐 제공과 유통의 방식이 상대적으로 평등하다. NEM은 최초로 Eigentrust++ peer reputation management을 사용한다. NEM은 암호화되고, 암호화되지 않은 16진법 메시지(hex messaging)을 제공한다.

4. 비전과 전망

가격

NEM이 공식적으로 처음 거래된 날은 2015년 4월 1일이다. NEM 10,000개에 $4가 첫 거래기록이다. NEM 1개에 0.0004$로 거래 된 것이 첫 기록이다. 2016년 7월 3일에 1센트($0.01)가 되었다. 첫 거래 대비 250배 상승했다.

2018년 1월 4일에 1.9달러로 최고점을 기록한 가운데 2018년 3월 현재 35센트($0.35)선을 유지하고 있다.

일본 도쿄 기반의 대형 거래소 코인체크(Coincheck)가 1월 26일 새벽 3시, 5억 개에 달하는 넴 코인(XEM)을 해킹당한 일이 발생했다. 이는 당시 시가로 우리 돈 약 5,700억 원으로 지난 2014년 해킹으로 파산한 일

〈넴 코인의 해킹사태에 대해 기자회견을 하는 코인체크 관계자〉

본 거래소 마운트곡스의 피해액 4,600억 원을 훨씬 넘는 역사상 최대 규모의 손실이다.

센트 파트너십 얘기가 돌기도 했으며, 최근 일본 유명 거래소의 해킹 사건에 해커들이 선택한 목표가 넴 코인이었을 만큼 넴 코인은 일본의 이더리움 급으로 사랑받는 코인이다. 그리고 안타깝게 해킹을 당했지만 넴 측에서는 발빠르게 소각을 발표하여 상승효과도 있었다.

NEM은 현재 가장 안정적인 보안과, 부가적으로 만들어진 웹지갑과 어플지갑 등의 부대시설이 가장 예쁘고 깔끔하며, 가장 뛰어난 대중성을 보유하고 있다.

수요는 더 증가할 것이고 안정적으로 가격이 상승할 것으로 예상한다. 여타 다른 크립토코인들의 등락폭이 심할 때에도 안정적인 가격을 유지했다. 기반이 탄탄한 걸로 보인다. 언제가 될지는 모르겠지만 5년 내에 $10가 되는 날이 있을 것으로 예상하고 있다.

5. 상장된 거래소

27. NEM (0.20%)

#	Source	Pair	Volume (24h)	Price	Volume (%)
1	Zaif	XEM/JPY	$5,877,320	$0.359809	19.56%
2	Bittrex	XEM/BTC	$4,702,010	$0.356152	15.65%
3	Poloniex	XEM/BTC	$3,908,820	$0.357408	13.01%
4	Upbit	XEM/KRW	$3,815,950	$0.364353	12.70%
5	OKEx	XEM/BTC	$2,671,260	$0.347748	8.89%
6	Upbit	XEM/BTC	$2,299,200	$0.356152	7.65%
7	HitBTC	XEM/BTC	$1,212,860	$0.355573	4.04%
8	AEX	XEM/BTC	$916,305	$0.338089	3.05%
9	Huobi	XEM/USDT	$915,830	$0.361938	3.05%
10	Huobi	XEM/BTC	$914,926	$0.361272	3.04%
		View More			
Total/Avg			**$30,049,930**	**$0.357179**	

〈코인마켓캡 기준 상위 10개 상장 거래소〉

6. 홈페이지 정보

공식 사이트 : https://www.nem.io/
백서 : https://nem.io/wp-content/themes/nem/files/NEM_techRef.pdf
페이스북 : https://www.facebook.com/ourNEM/
트위터 : https://twitter.com/nemofficial/

7. 소재지 및 연락처

소재지 : 미확인
연락처 : info@nem.foundation

아이오타

IOTA

THE BACKBONE OF IOT IS HERE

사물 인터넷계의 암호 화폐

1. 기본정보

- 화폐 표기 : MIOTA / IOTA

- 최초 발행 : 2015년 10월 21일

- 발행량 : 2,779,530,283 / 2,779,530,283 MIOTA

- 증명 방식 : 없음

- 채굴 가능 여부 : 불가능

- 시가총액 : 5조 273억원

- 코인 가격 : 1,815원 (2018.04.18 기준)

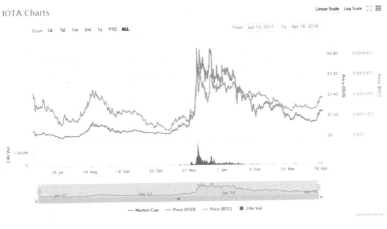

〈2018.04 기준 코인마켓캡 가격, 거래량 차트〉

- 가격 형성 : IOTA 코인은 2015년 10월 21일에 등장했다. 현재 시가총액 37.8억 USD로 12위에 랭크되어 있다(2018년 3월).

IOTA는 이름에서도 확인 할 수 있듯 사물인터넷을 의미하는 'Internet of Things'와 큰 연관을 가지고 있다. 말하자면 IOT 기술을 위하여 블록체인 기술의 수수료를 제공하는 코인이다. 또한 IoT 기술에 사용되는 필수적인 연결에 필요한 인증을 지원하는 서비스를 제공한다.

현재 블록체인 기술을 살펴보면 인증보다는 결제나 계약 기능이 중점적으로 이루어져 있다. 이러한 상황 속에서 IOT를 중점으로 하는 서비스는 차별점이 되어 쟁쟁한 암호화폐 경쟁 속에서 빠른 시간에 성장을 하는데 큰 몫을 했다.

2. 개발자

창립자
David Sønstebø

공동 창립자
Dominik Schiener

공동 창립자
Sergey Ivancheglo

공동 창립자
Serguei Popov

아이오타 프로젝트는 2015년 데이빗(David Sønstebø)을 중심으로 4명의 블록체인 전문가들로부터 처음으로 만들어졌다. 그 후 아이오타 재단은 2017년 11월 3일 블록체인 및 암호화폐 산업 최초로 독일 정부로부터 비영리 단체 자격을 공식 승인 받았다.

※ 아이오타 플랫폼에서는 동명의 IOTA를 티커로 사용한다. 하지만, IOTA의 단위가 너무 작기 때문에, 'Mega IOTA'의 약자인 'MIOTA'를 주로 사용한다. 현재 27억 개가 발행되어 27억 개 전부 유통되고 있다.

3. 기능 및 특징

1) IoT(사물 인터넷)에 최적화된 암호화폐

아이오타(IOTA)는 최초로 블록체인이 존재하지 않는 암호화된 화폐이다. IOTA는 IoT에 중점을 둔 것이기 때문에 그 기능에 가장 최적화되어 있다. 이를 기반으로 하여 새롭게 만들어진 마이크로 트랜잭션 암호화폐인 셈이다. 기본적으로 새로운 암호화폐가 등장하면 대부분은 화폐의 기능에 충실하게 서비스를 제공한다. 이 경우 비트코인과 같이 대부분의 암호화화폐는 화폐에 주기능을 맞춰 설계되었기에 다소 복잡하고 무거운 느낌을 가진다. 이와 달리 아이오타(IOTA)는 디지털 화폐로서의 기능이 아닌 다른 특징을 살리면서 보다 가볍고 자유로운 느낌을 전하고 있다. 사물 인터넷시장이 빠른 성장을 보이고 있고 앞으로도 큰 잠재력을 가지고 있는 만큼 여기서 사용 할 수 있는 아이오타(IOTA) 또한 그와 함께 긍정적인 행보를 함께 할 수 있을 거라 예측할 수 있다.

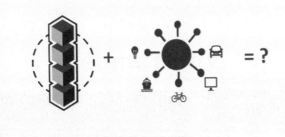

〈블록체인과 IoT의 결합〉

아이오타는 이더리움과 같이 스마트 계약 플랫폼을 실행할 때 신탁 역할을 한다. 다시 말해 비트코인처럼 화폐로서 생성된 것이 아니기에 이더리움의 대표적인 기능인 플랫폼으로서 역할을 이행하는 것이다. 이에 따라 무한대로 확장이 가능하여 보다 자유로운 느낌으로 다가온다. 또한 트랜잭션을 검사할 수 있는 특징이 있어 블록체인 생태계를 보완하는 역할도 수행하며 블록체인 보안을 강화할 수 있다.

2) 새로운 분산 원장 Tangle

아이오타(IOTA) 코인은 블록체인의 개념은 가져왔지만 이를 그대로 사용하는 것이 아닌 새로운 블록 리스 분산 원장인 Tangle을 사용한다. Tangle은 확장이 가능하고 이전 시에 수수료가 들지 않는다. 대부분의 암호화폐가 기존 블록체인 방식을 기반으로 탄생한 반면, 아이오타는 자체적으로 새롭게 Tangle을 만들어 낸 것이다. 덕분에 거래를 증명하거나 전송할 때 리플처럼 속도가 빠르게 진행된다. 이더리움 POW 방식이나 비트코인이 겪고 있는 문제 중 하나는 거래 규모가 클 경우에 모두 대응하지 못한다는 것이다. 그렇기 때문에 속도가 매우 저하되는 단점이 작용한다. 하지만 아이오타(IOTA)는 거래 규모가 매우 큰 경우에도 모두 대응할 수 있기에 이런 특징은 매우 매력적으로 다가온다.

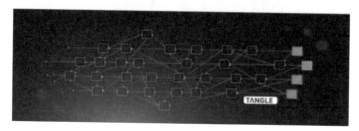

〈아이오타의 Tangle 사진〉

아이오타는(IOTA) 빠른 속도에 맞게 설계된 만큼 거래 증명이 단순하다. 따라서 이로 인한 트랜잭션(거래 증명) 수수료가 없다. 아이오타를 이용하면 인증 과정이 소프트웨어로 처리가 되기 때문에 따로 수수료 비용이 들지 않는다. 비트코인은 가격이 상승할 때마다 소액을 이동할 경우에도 수수료가 더 많이 드는 점을 생각한다면 매우 큰 장점이라고 볼 수 있다.

아이오타(IOATA)는 발행량이 총 27억 개로 리플과 같이 전 사용량인 27억 개를 한번에 발행을 했고, 전부 시장에서 유통되고 있기에 채굴과정이 무의미하다. 따라서 노드(사용자)를 유지하면서 IoT 연결을 위한 인증 블록체인을 생성하고 그에 따른 수수료를 받는 형태로 진행하고 있다. 추가적인 발행은 일어나지 않기 때문에 채굴과 같은 이유로 발생할 인플레이션 또한 없다.

〈트랜잭션 과정 비교〉

아이오타(IOTA)는 POS 방식으로 제공되는 서비스가 아니다. 따라서 지분을 증명할 때 세력가가 장악하는 상황이 없기에 보다 자유롭게 사용할 수 있다. 또한 POW 방식도 아니기에 마이너들의 눈치를 볼 필요도 없고 채굴이 필요치 않으니 당연히 엄청난 전기를 사용할 필요가 없으므로 매우 친환경적인 코인이라고 볼 수 있다.

4. 비전과 전망

아이오타(IOTA)가 상장되고 인기를 얻어가는 동안 몇 개월 간의 요동치던 가격이 안정을 되찾고 있다. 난민지원 NGO 단체와 연계를 맺은 것을 시작으로 Imperial College London, Berkeley의 Blockchain등과 파트너십을 맺으면서 가격이 상승했다.

비트코인은 현재 높은 거래 수수료 때문에 통화라기 보다는 자산으로 보는 분들이 많다. 하지만 IOTA는 애초부터 주 목적이 실생활 사용이었다. 물론 P2P에도 뛰어난 점은 맞지만 IOTA가 겨냥하는 주 시장이 사물 인터넷 시장이다 보니 M2M(Machine-to-Machine) 거래에 최적화되어 있다. 그러다 보니 많은 기업들의 관심이 IOTA에 쏠리고 있다. 루머가 아닌 사실로 판명된 몇몇 파트너 기업들로는 폭스바겐, Innogy, Canonical, Bosch 그리고 Cisco 등이 있다. IOTA가 상용화가 될 수 있도록 협력하며 개발 중이라고 한다.

아이오타의 가장 큰 목적은 IoT(사물인터넷)을 위해 만들어졌으나 다양한 장점들 덕분에 빠른 시간에 순위권에 진입을 하고 높은 거래량을 두고 있다. 이를 기반으로 하여 보다 다양한 분야에서 넓게 쓰일 가능성이 충분하다고 본다. 현재 마이크로소프트사와 서비스를 제휴할 정도이니 앞으로의 행보가 무척이나 기대되는 화폐이다.

5. 상장된 거래소

29. IOTA (0.18%)

#	Source	Pair	Volume (24h)	Price	Volume (%)
1	Bitfinex	MIOTA/USD	$9,586,410	$1.35	36.28%
2	Coinone	IOTA/KRW	$4,417,440	$1.39	16.72%
3	OKEx	IOTA/BTC	$3,032,890	$1.36	11.48%
4	Binance	IOTA/BTC	$2,763,940	$1.36	10.46%
5	OKEx	IOTA/USDT	$2,089,310	$1.37	7.91%
6	Bitfinex	MIOTA/BTC	$2,011,450	$1.35	7.61%
7	Binance	IOTA/ETH	$984,340	$1.37	3.72%
8	OKEx	IOTA/ETH	$502,215	$1.37	1.90%
9	Bitfinex	MIOTA/ETH	$406,361	$1.37	1.54%
10	Ovis	MIOTA/TRY	$198,875	$1.29	0.75%
		View More			
Total/Avg			$26,426,435	$1.36	

〈코인마켓캡 기준 상위 10개 상장 거래소〉

6. 홈페이지 정보

공식 홈페이지 : https://iota.org/
백서 : https://iota.org/IOTA_Whitepaper.pdf
트위터 : https://twitter.com/iotatoken
레딧 : https://www.reddit.com/r/Iota

7. 소재지 및 연락처

소재지 : Germany
연락처 : 아이오타 코리아 kikisunwoo@gmail.com

모네로
MONERO

Private Digital Currency

익명 암호화폐계의 강자

1. 기본정보

- 화폐 표기 : XMR
- 발행일 : 2014년 04월 14일
- 발행량 : 15,795,927 XMR
- 증명 방식 : POW(Proof of Work, 작업 증명_CryptoNight 기법)
- 채굴 가능 여부 : 가능
- 시가총액 : 4조 1,659억원
- 가격 : 26만 1,328원 (2018.04.18 기준)

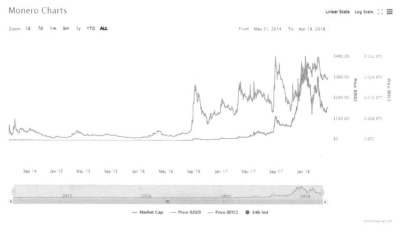

〈2018. 04 기준 코인마켓캡 가격, 거래량 차트〉

2. 개발자

Riccardo Spagni(리카도 스파니)
member of the Monero Core Team

3. 기능 특징

1) 모네로(Monero)는 비트코인을 기반으로 하지 않고, CryptoNote라는 기술을 기반으로 한다.

비트코인은 사람들이 얼마나 많은 돈을 한 사용자에게서 다른 사용자에게 전송하는지 정확하게 볼 수 있는 완전히 투명한 시스템이지만, 모네로는 모든 거래에서 보낸 사람, 금액 및 수신자 등의 정보를 숨겨 사용자 개인정보를 보호한다.

2) 모네로는 세 개의 정보 보호 기술을 사용한다.

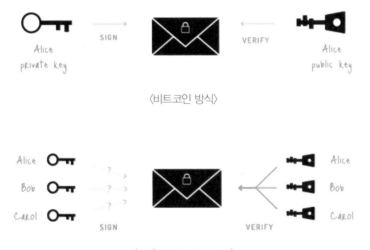

〈비트코인 방식〉

〈모네로 Ring signature〉

① Ring signature : 이 기술은 기존 유저의 계정 키와 모네로의 공개 키와 결합하여 외부의 관찰자가 특정 유저의 서명에 연결하지 못하게 하여 익명성을 보호하는 기술이다.

② 스텔스 주소 : 수신자에게 랜덤으로 생성되는 일회용 주소이다. 수신자가 일회용 주소를 생성하게 되면, 송금은 다른 고유의 주소로 가게 된다. 그러므로 모네로의 송금은 보낸 사람 또는 받는 사람이 공개주소가 익명으로 보호 받게 된다.

③ 링CT(Confidential Transaction) : 모네로의 링서명의 새로운 업데이트로써, 개별 송금의 금액과 수/발신자의 신원을 숨기는 새 링서명이다. 2017년 9월 하드포크 전까지는 링CT 없이 송금할 수 있었다.

3) 모네로는 '가치 동일성'을 가진다. 높은 프라이버시를 제공함으로써, 각각의 모네로는 모두 동일시되며 구별되지 않는다. 이 때문에 비트코인은 거래내역을 거꾸로 추적하면 모든 주소와 수량을 파악할 수 있지만, 모네로는 익명성을 완전히 보장하기 때문에 정확한 경로 파악과 특정 주소와의 연관성 확인이 불가능하다.

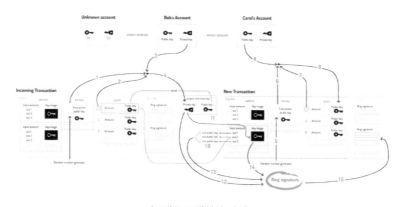

〈모네로 트랜잭션 과정〉

4) 모네로는 영구적으로 채굴 보상을 제공한다. 인플레이션을 막기 위해 모네로는 2022년 이후 채굴 보상이 감소하게 되나, 최소 0.3XMR 이상으로 유지됐다. 전송 수수료의 유무와 관계없이 모네로의 채굴자에게 안정적인 보상을 제공하게 되며, 블록체인을 안전하게 유지할 수 있게 한다.

4. 비전과 전망

모네로는 익명성이란 특징을 가지고 많은 찬사를 받았다고 보이지만, 몇 가지의 우려사항이 존재한다.

1) **프라이버시** _ 거래를 시작한 노드의 IP 주소를 추적하는 기능이 있다. 이 IP 주소 로깅은 사용자의 익명성을 위협할 수 있다.

2) **광업 중앙집중화** _ 모네로 광산의 대부분은 각각 4개의 풀에 의해 이루어지며 각각은 20% 이하이다. 또한 ASIC Monero 마이닝의 출현으로 규모가 커짐에 따라 'one-CPU-one-vote'라는 본래의 정신을 위협한다.

3) **Darkweb PR** _ 모네로 팀의 직접적인 원인은 아니지만 브랜딩하는 데 불법적인 용도로 사용되고 있다고 인식되는 것을 주의하는 것은 필요하다.

4) **트랜잭션 크기** _ 모네로 트랜잭션은 더 많은 데이터를 필요로 하는 Bitcoin보다 훨씬 크며 매일 계속 커지는 블록체인을 발생시킨다.

5) **개발난이도** _ 다양한 코인 지갑을 통합하는 능력과 더 광범위하게 사용되는 능력이 느려졌다.

6) **제한된 판매자 수단** _ 통합지불을 위한 판매자를 위한 수단이 어렵다. 그러나 이 문제를 해결하기 위해 점점 더 많은 타사 서비스가 등장하고 있다.

2017년 1월 10일 하드포크를 통해 모네로의 트랜잭션 보안이 한층 강화되면서 투자자들의 관심을 이끌어내고 있다.

모네로에서는 사용자의 이목을 끌기 위해 몇 가지의 프로젝트를 진행하고 있다.

① Open Alias _ 모네로는 보안에 강한 만큼 지갑 주소가 매우 길다는 단점이 있다. 총 96자로 비트코인보다 더 길다. 따라서 모네로는 이 같은 사용의 불편함을 보완하기 위해 지갑 주소를 가명으로 사용, 즉 자신의 지갑에 원하는 별칭을 붙일 수 있는 서비스를 제공했다.

② External Project _ 모네로의 특징을 살려 암호화폐 외의 다른 서비스로 모네로를 체험하게 하는 것이다. Crypto-Kingdom, Monerodice, XMR.TO 이렇게 총 3개의 Project로 구성되어 있다.

2014	2015	2016 년	2017 년	미래

- 2017-01-05 : RingCT 거래를 활성화하는 Hardfork
- 2017-02-22 : 0.10.2 발표; 패치 된 치명적인 취약점
- 2017-03-27 : 0.10.3.1 Wolfram Warptangent 출시
- 2017-04-15 : Hardfork가 최소 블록 크기 및 동적 요금 알고리즘 조정
- 2017-07-04 : 웹 사이트 재 설계
- 2017-09-07 : 0.11.0.0 헬륨 하이 드라 출시
- 2017-09-07 : 푹신한 블록
- 2017-09-10 : GUI가 베타 테스트 중
- 2017-09-15 : Hardfork가 최소 링 사이즈를 5로 늘리고 RingCT 트랜잭션이 필요합니다.
- 2017 년 9 월 : 0MQ / ZeroMQ
- 푹신한 블록
- 안드로이드에 GUI 포트
- 포럼 자금 지원 시스템 재 설계
- 하위 주소
- 다중 서명 (multisig)
- Kovri 알파 방출

2014	2015	2016 년	2017 년	미래

- 추가 MRL 연구 논문
- 속도와 확장 성을위한 2 계층 솔루션
- RingCT가 트랜잭션 크기를 줄이기 위해보다 효율적인 범위 증명

〈모네로 로드맵〉

96

5. 상장된 거래소

19. Monero (0.44%)

#	Source	Pair	Volume (24h)	Price	Volume (%)
1	HitBTC	XMR/BTC	$16,423,900	$208.22	20.84%
2	Bitfinex	XMR/USD	$12,396,500	$207.90	15.73%
3	Binance	XMR/BTC	$8,663,780	$208.30	11.00%
4	Poloniex	XMR/BTC	$6,118,420	$207.87	7.76%
5	Bithumb	XMR/KRW	$4,251,690	$211.89	5.40%
6	Kraken	XMR/EUR	$4,109,290	$208.21	5.22%
7	Kraken	XMR/USD	$4,095,330	$206.81	5.20%
8	Bitfinex	XMR/BTC	$4,061,720	$208.41	5.15%
9	Poloniex	XMR/USDT	$2,932,670	$206.73	3.72%
10	Bittrex	XMR/BTC	$2,835,960	$208.30	3.60%
		View More			
Total/Avg			$78,795,622	$208.23	

〈코인마켓캡 기준 상위 10개 상장 거래소〉

6. 홈페이지 정보

공식 홈페이지 : https://getmonero.org/
백서 : https://getmonero.org/resources/research-lab/
공식 페이스북 : https://www.facebook.com/monerocurrency/
공식 트위터 : https://twitter.com/monerocurrency

7. 소재지 및 연락처

소재지 : 미확인
연락처 : ric@getmonero.org

PART 2

°

C O I N

°

이더리움 클래식
Ethereum Classic

decentralized immutable unstoppable

DAO 해킹을 되돌리지 않은 이더리움 포크
이더리움 클래식은 다운타임, 검열, 사기 또는
제3자의 간섭의 기능성 없이 프로그래밍된 방향으로
정확히 실행되는 응용프로그램 인 스마트 컨트랙트를
실행하는 분산 플랫폼

1. 기본정보

- **화폐 표기** : ETC

- **발행일** : 2016년 07월 20일

- **발행량** : 101,228,067 / 230,000,000 ETC(총 발행량은 230,000,000 ETC로 예정)

- **증명 방식** : POW(Proof of Work)

- **채굴 가능 여부** : 가능

- **시가총액** : 1조 8,740억원

- **가격** : 1만 8,509원 (2018.04.18 기준)

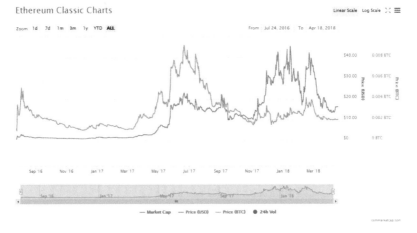

〈2018. 04 기준 코인마켓캡 가격, 거래량 차트〉

2. 개발자

Charles Hoskinson(찰스 호스킨스) – United States of America
Invictus Innovations Incorporated _ Co-founder and Acting CEO
(前)Ethereum _ CEO
IOHK _ CEO

Igor Artamonov(이고 알타모노프)
ETCDEV _ Founder & CTO
The 6 Hours _ Software Architect

Gavin Wood(게빈우드)
Parity Technologies _ Founder

3. 기능과 특징

2016년 7월 24일 해외 대형 거래소인 플로닉스의 하드포크 전 체인인 이더리움 클래식이라는 이름으로 기습 상장했다. 이더리움 클래식은 1,920,000번째 블록 이전의 모든 블록 및 거래내역은 기존의 이더리움과 완전히 동일하며, ETC가 상장되어 있는 플로닉스 거래소의 경우 해당 블록 직전에 거래소 지갑주소에 이더리움을 보관하고 있었을 경우, 완전히 똑같은 양의 ETC가 거래소 주소에 담겨 있다.

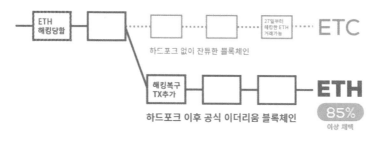

〈이더리움 하드포크〉

하드포크가 성공하면서 상장되지 말아야 할 코인이 상장되면서 이더리움은 또 다시 폭락했다.

플로닉스에 상장된 뒤 ETC는 10달러에 시작해 폭락했으나, ETC 거래량은 ETH를 뛰어넘게 되며 변동폭이 아주 큰 폭등과 폭락이 진행형으로 이루어졌다.

이더리움 클래식은 이더리움 블록체인의 연속체로, 변경되지 않은 역사를 보존하는 고전적인 버전이다. 외부간섭 및 거래의 주관적인 변조로부터 자유롭다.

4. 비전과 전망

2017년 12월 12일에 이더리움 클래식의 하드포크가 진행되었다. 이번 하드포크로 인해 이더리움 클래식에 적용되는 새로운 통화 정책은 ETC 발행량에 한도가 생긴다는 것이다. ETC의 보상 비율이 5,000,000 블록마다 20%씩 감소하여 이번 하드포크 이후 ETC의 총 공급량은 2억 3천만을 초과하지 않는 선에서 유지될 예정이다.

공급량 제한은 이더리움 클래식의 호재로 작용했다. ETC 공급량에 제한이 생긴다는 것은 희소성이 증가한다는 말이 되고 그만큼 가치가 오른다는 생각이 들기 때문이다.

5. 상장된 거래소

9. Ethereum Classic (1.28%)

#	Source	Pair	Volume (24h)	Price	Volume (%)
1	OKEx	ETC/USDT	$49,683,400	$16.39	21.53%
2	OKEx	ETC/BTC	$38,651,700	$16.50	16.75%
3	Bitfinex	ETC/USD	$24,266,600	$16.47	10.51%
4	Huobi	ETC/USDT	$22,722,400	$16.49	9.85%
5	Bithumb	ETC/KRW	$21,002,600	$16.86	9.10%
6	OKEx	ETC/ETH	$10,615,900	$16.47	4.60%
7	Binance	ETC/BTC	$8,190,950	$16.45	3.55%
8	Bit-Z	ETC/BTC	$6,181,190	$16.47	2.68%
9	Upbit	ETC/KRW	$5,106,370	$16.87	2.21%
10	Coinone	ETC/KRW	$5,023,830	$16.88	2.18%
		View More			
Total/Avg			$230,786,674	$16.52	

〈코인마켓캡 기준 상위 10개 상장 거래소〉

6. 홈페이지 정보

공식 홈페이지 : https://ethereumclassic.github.io/
백서 : https://ethereum-classic-guide.readthedocs.io/en/latest/
공식 페이스북 : https://www.facebook.com/ethereumclassic/
공식 트위터 : https://twitter.com/eth_classic

7. 소재지 및 연락처

소재지 : 미확인
연락처 : splix@etcdevteam.com

오미세고
OmiseGO

Unbank the Banked

ERC20 토큰. 은행 없이 금융 업무를
할 수 있게 하는 솔루션.
퍼블릭 체인을 통해 결제 및 보상하는 시스템(포인
트), 금융 서비스를 제공하는 플랫폼

1. 기본정보

- 화폐 표기 : OMG
- 발행일 : 2016년 07월 20일
- 발행량 : 102,042,552 / 140,245,398 OMG
- 증명 방식 : POS(Proof of Stake)
- 채굴 가능 여부 : 불가능
- 시가총액 : 1조 6,788억원
- 가격 : 1만 6,455원 (2018.04.18 기준)

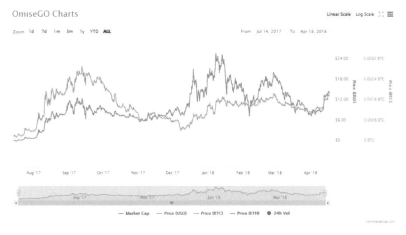

〈2018. 04 기준 코인마켓캡 가격, 거래량 차트〉

2. 개발자

Jun Hasegawa(준 하세가와) _ Singapore, Central
Region, Singapore
Alpha-do inc. _ Director
Omise Co., Ltd. _ Founder & CEO

3. 기능과 특징

오미세고는 결제 프로세서, 금융 게이트웨이, 금융 기업의 상호 호환의 문제에 대한 해결책을 제시한다.

공적 특성과 비허가 특성 : 완성된 네트워크는 누구나 자유롭게 이용이 가능하고, 퍼블릭 체인을 이용한다. 오미세고는 오미세고 네트워크를 이용한 결제 사업에 네트워크 효과를 얻고자 한다. 오미세고 네트워크는 이더리움이나 비트코인과 같은 퍼블릭 네트워크이며 허가가 따로 필요하지 않기 때문에 이를 사용하기 위해 공식적 파트너십은 필요하지 않다.

블록체인 : 오미세고의 블록체인은 확장 가능한 탈중앙형이며, 유연성 제공 장치, 정보처리 네트워크, 자산 기반 블록체인 게이트 웨이라고도 할 수 있다. 오미세고 네트워크는 토큰을 스테이킹하여 네트워크의 안전성을 제공하는 토큰 보유자에게 보상을 제공한다. 또한 낮은 수수료와 빠른 전송시간, 현금 인출을 제공한다.

White – label Wallet : 오미세고의 White – label Wallet SDK의 첫 공개는 2018년 1분기로 예측된다. 이 SDK는 오미세고 네트워크를 쉽게 이용하여 다양한 결제 솔루션을 만들 수 있게 한다. 결제 솔루션을 통해 사용자가 현금이나 암호화폐, 카드결제, 기프트 카드, 신용결제를 다른 디지털 자산으로 오미세고 네트워크 상에서 교환 가능하게 만든다. 디지털 지갑을 공급자가 있는 유연성을 향상시켜주고, 맞춤형 지불 해결책을 제시해 준다.

1) 핀테크 서비스를 제공

〈오미세고 특징〉

오미세고는 오미세라는 핀테크 기업의 자회사이다. 기존 금융서비스를 뛰어넘어 보다 낮은 비용으로 화폐 간의 교환이 가능하다.

2) 오미세고에서 제공하는 전자지갑을 사용할 때, 모든 것을 통합하는 서비스 사용이 가능하다. 즉, 화폐 간의 교환을 넘어 암호화폐와 기존 화폐와의 교환도 가능하며 온라인상에서 다양한 로열티나 게임포인트 등의 교환과 전송이 가능하다.

3) 탈중앙화된 서비스 제공

〈탈 중앙화 된 오미세고〉

이전 금융거래는 은행을 통해서만 결제나 카드 시스템이 이루어지도록 되어있다. 이러한 시스템은 프로그램이 너무 복잡하고 보안과 관련 다양한 문제점이 발생하며, 이를 위한 비용이 많이 들어가는 단점이 있다. 이런 시스템을 지양해 오미세고는 디지털 상거래를 모든 사람이 이용 가능하게 하는 전자지갑 간의 결제가 가능하도록 지원한다. 무엇보다 각 국가마다 소유한 고유한 화폐 간의 장벽이 무너져 국가를 넘어서 자유롭게 상거래에 대한 지불과 결제 시스템이 이뤄진다.

4. 비전과 전망

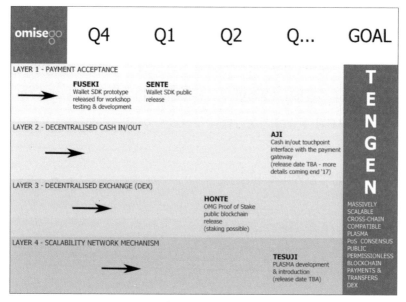

〈오미세고 로드맵〉

IT기술이 나날이 발전하는 4차산업 시대인 만큼 핀테크라는 개념은 더욱 중요해질 것이다. 이러한 시대상에 발맞추어 온라인 결제와 관련한 플랫폼 사업은 암호화폐 시장에서도 막중한 비중을 차지하고 있다. 그렇기에 수많은 기업들이 이와 관련한 ICO를 실행하며 참여하고 있기에 더욱 그 경쟁이 치열해지고 있다고 볼 수 있다. 오미세고는 오미세라는 온라인 결제 플랫폼을 기반으로 하여 오미세고가 각각의 플랫폼 간의 연결고리 역할을 할 수 있을 것으로 예상한다.

실제 생활에서 오미세고 사용이 가능해진다면, 결제가 간편해지는 것은 상상 이상일 것이다.

오미세고의 '프리세일 완판'은 단기성 투기목적이 아닌 투자목적의 보유란 사실일 가능성이 커 보인다.

5. 상장된 거래소

25. OmiseGO (0.23%)

#	Source	Pair .	Volume (24h)	Price	Volume (%)
1	Huobi	OMG/USDT	$8,946,690	$10.34	21.72%
2	Ethfinex	OMG/USD	$8,758,420	$10.32	21.26%
3	Binance	OMG/BTC	$6,904,840	$10.32	16.76%
4	Bittrex	OMG/BTC	$2,431,730	$10.34	5.90%
5	Bittrex	OMG/USDT	$1,830,780	$10.37	4.44%
6	Huobi	OMG/BTC	$1,722,780	$10.36	4.18%
7	Binance	OMG/ETH	$1,651,020	$10.28	4.01%
8	Ethfinex	OMG/BTC	$1,480,240	$10.29	3.59%
9	Huobi	OMG/ETH	$1,469,830	$10.35	3.57%
10	Upbit	OMG/KRW	$1,213,220	$10.53	2.95%
		View More			
Total/Avg			$41,192,652	$10.34	

〈코인마켓캡 기준 상위 10개 상장 거래소〉

6. 홈페이지 정보

공식 홈페이지 : https://omisego.network/
백서 : https://cdn.omise.co/omg/whitepaper.pdf
공식 페이스북 : https://www.facebook.com/OmiseGO/
공식 트위터 : https://twitter.com/omise_go

6. 소재지 및 연락처

소재지 : Bangkok, Krung Thep, Thailand
연락처 : omg@omise.co

리스크
Lisk

Access the power of blockchain

자바스크립트에 기반을 둔 스마트 컨트랙트 플랫폼

1. 기본 정보

- 화폐 표기 : LSK

- 발행일 : 2016년 05월

- 발행량 : 118,807,180 LSK

- 증명 방식 : DPOS (Delegated Proof of Stake)

- 채굴 가능 여부 : 불가능

- 블록생성 주기 : 10s

- 시가총액 : 1조 2,571억원

- 가격 : 1만 2,096원 (2018.04.18 기준)

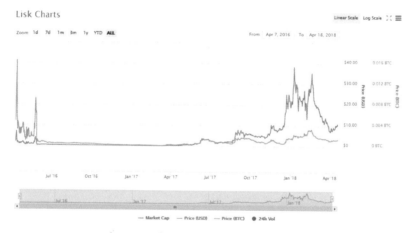

〈2018. 04 기준 코인마켓캡 가격, 거래량 차트〉

2. 개발자

Max Kordek(맥스 코렉) _ Berlin, Berlin, Germany
Lightcurve _ co-founder, Director
Lisk _ co-founder, President

3. 기능과 특징

리스크는 리스크 플랫폼에서 사용되는 암호화폐이다. 리스크 플랫폼은 이더리움의 분산화된 어플리케이션(DApp)과 유사한 블록체인 앱을 개발할 수 있는 환경을 제공한다. 이더리움과 마찬가지로 리스크에서 블록체인 앱들은 스마트 컨트랙트, 클라우드 저장공간, 컴퓨팅 노드와 같은 시스템을 모두 사용해 개발할 수 있다. 리스크는 크립티에서 포크되어 자바스크립트로 쓰인 프로젝트이다.

세계적인 움직임 _ Lisk의 분산 네트워크를 사용하면, 이전보다 더 빠르고 경제적으로 가치를 교환할 수 있다.

디지털 가치 창출 _ 가치 있는 인터넷 구축이 가능하다. 희소성과 소유권에 대한 새로운 가능성은 디지털 콘텐츠가 어떻게 수익을 창출할 수 있는지 보여준다.

코어의 투명함 _ LISK 상의 블록체인은 이해하기 어렵거나 이용할 수 없는 정보를 사전에 투명하게 제공한다

완벽한 안전성 _ 군보안 레벨의 암호 및 분산데이터 베이스를 이용 Lisk의 권한관리 및 저장 능력을 매우 안전하게 만든다.

신뢰성 _ Lisk의 분산 네트워크는 항상 온라인 상태이며, 데이터 손실의 가능성을 제거한다.

변경 불가능 _ Lisk와 함께 저장된 데이터는 영구적이며 변경 불가능하다.

더욱이 Lisk 네트워크는 자신만의 블록체인을 쉽게 구축하고 배포할 수 있다. Lisk의 도구는 모든 사람에게 무료로 제공되며, 오픈소스이고 Javascript로 작성되어 접근이 용이하다.

4. 비전과 전망

리스크 플랫폼의 가장 큰 장점은 자바스크립트 언어로 블록체인 어플 개발이 가능하다는 것이다. 자바스크립트 언어는 블록체인 어플 개발에 어려움을 겪는 많은 웹 개발자들의 참여를 보다 쉽게 접근할 수 있게 한다. 자바스크립트 프로그래밍 언어는 다른 언어보다 더 대중적인 언어이면서 사용이 상대적으로 쉽기 때문에 프로그래머가 아닌 일반 사용자들도 손쉽게 블록체인 앱 개발을 시도할 수 있다. 자체 언어를 사용하는 이더리움과의 큰 차별점이기도 하다. 마이크로소프트사나 구글 또한 자바스크립트를 선호하기 때문에 향후 그들이 Lisk 네트워크 플랫폼을 채택할 가능성도 고려해 볼만하다. 이미 Lisk는 마이크로소프트 Azure와 파트너십을 맺고 있다.

다른 고려해 볼만한 사항으로는 모듈화된 사이드체인을 적용하여 메인 블록체인에 부담을 주지 않고 10초 정도의 빠른 블록처리 시간을 자랑한다는 것이다. 추후 유지보수 관리에 있어서도 용이하다. Lisk에는 이더리움의 core멤버들이 합류한 것으로 유명하고, Charles Hoskinson과 Steven Nerayoff와 같은 이더리움의 전 CEO와 고문이 젊은 개발진들과 함께 합류했다.

또 한가지 특이한 점은 리스크의 합의 프로토콜은 DPOS 방식으로 POS와 유사하지만 POS처럼 블록발행 권리가 지분을 가진 모두에게 적용되는 것이 아닌 투표를 통해 상위 득표 101명의 사용자들에게만 주어지는 것이다. 이 DPOS는 중앙에 힘이 쏠리는 것을 방지하기 위해 비트셰어(Bitshare)에서 고안된 합의 모델이다.

5. 상장된 거래소

32. Lisk (0.15%)

#	Source	Pair	Volume (24h)	Price	Volume (%)
1	YoBit	LSK/BTC	$3,867,690	$12.33	14.30%
2	CoinEgg	LSK/BTC	$3,650,220	$12.31	13.49%
3	Bit-Z	LSK/BTC	$3,485,940	$12.00	12.89%
4	BitBay	LSK/PLN	$2,470,400	$12.27	9.13%
5	Binance	LSK/BTC	$2,368,840	$11.99	8.76%
6	Poloniex	LSK/BTC	$2,299,760	$12.00	8.50%
7	Bittrex	LSK/BTC	$1,788,380	$11.96	6.61%
8	Huobi	LSK/ETH	$1,604,320	$11.90	5.93%
9	Huobi	LSK/BTC	$1,577,560	$11.97	5.83%
10	HitBTC	LSK/BTC	$880,355	$11.99	3.25%
		View More			
Total/Avg			$27,054,053	$12.12	

〈코인마켓캡 기준 상위 10개 상장 거래소〉

6. 홈페이지 정보

공식 홈페이지 : https://lisk.io/
백서 : https://lisk.io/documentation
공식 페이스북 : https://www.facebook.com/LiskHQ
공식 트위터 : https://twitter.com/LiskHQ

7. 소재지 및 연락처

소재지 : Aachen, Nordrhein-Westfalen, Germany
연락처 : business@lisk.io

제트캐시

Zcash

Internet money

개인정보보호 중심의 암호화폐

1. 기본 정보

- 화폐 표기 : ZEC

- 발행일 : 2016년 10월

- 발행량 : 3,726,194 / 21,000,000 ZEC

- 증명 방식 : PoW(Proof of Work)

- 채굴 가능 여부 : 가능

- 시가총액 : 9,815억원

- 가격 : 26만 3,417원 (2018.04.18 기준)

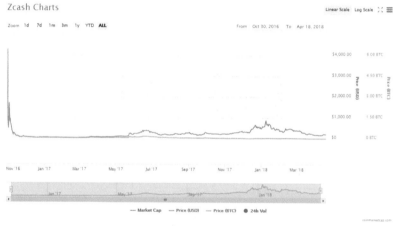

〈2018. 04 기준 코인마켓캡 가격, 거래량 차트〉

2. 개발자

Zooko Wilcox-O'Hearn(주커 윌콕스) _ Boulder,
Colorado, United States
Least Authority Enterprises _ Founder &CEO
Zcash _ Founder &CEO

3. 기능과 특징

1) 블록체인의 통화 교환을 암호화

제트캐시의 가장 큰 특징은 추적을 불가능하게 설계하여 익명성을 보장한다는 것이다. 제트캐시는 암호화 기술을 사용하여 블록체인의 통화 교환을 암호화한다. 즉, 거래내역을 최대한으로 숨겨 본인 외에는 거래내역과 소유 자산을 알 수 없다.

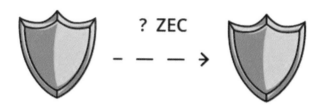

〈추적 불가능한 Z 캐시〉

2) 제트캐시만의 특별함

제트캐시는 Zerocash라는 프로토콜을 사용하기 때문에 일반적인 암호화폐와 달리 비트코인을 프로토콜로 하지 않는다. 2013년에 zerocoin 이라는 프로토콜이 만들어졌고 이를 더 개선한 업그레이드 버전인 zero cash가 2014년에 등장했다. 제트캐시는 zerocash를 통해 암호화폐를 분산하는 역할을 한다. 또한 제트캐시는 zero-knowledge proof를 기반으로 암호화가 이루어진다. 이 기능은 제공자가 제공하는 정보 외에는 정보를 제공받는 사람이 다른 것을 알 수 없도록 설계되어 있다.

WHAT IS ZCASH?

A decentralized and open-source
cryptocurrency that provides
strong privacy protections

Shielded transactions hide the
sender, recipient, and value on
the blockchain

If Bitcoin is like http for money,
Zcash is https—a secure transport
layer

〈Z캐시의 특징〉

4. 비전과 전망

재트캐시는 탈중앙화되어 오픈 소스로 이용할 수 있는 암호화폐이다. 블록체인 상의 트랜잭션을 숨길 수 있기 때문에 송·수신자의 거래내역은 알려지지 않는다는 특징이 있다. 익명성을 긍정적인 방향으로 사용할 수 있는 반면 악용가능성을 가진 양면성이 있는 코인이다. 암호화폐 시장이 점차 커지고 있는 시점에서 제트캐시를 필두로 한 익명성이 악용되지 않는다면 충분히 가치가 생길 것이라 예상한다.

〈Z캐시의 로드맵 예정은 https://blog.z.cash/category/general/ 에서 알아 볼 수 있다.〉

5. 상장된 거래소

22. Zcash (0.33%)

#	Source	Pair	Volume (24h)	Price	Volume (%)
1	Bitfinex	ZEC/USD	$7,058,190	$239.76	11.71%
2	HitBTC	ZEC/BTC	$6,996,640	$240.14	11.60%
3	Lbank	ZEC/BTC	$6,678,570	$243.65	11.08%
4	Lbank	ZEC/ETH	$4,328,180	$244.03	7.18%
5	Huobi	ZEC/USDT	$3,803,770	$238.79	6.31%
6	Huobi	ZEC/BTC	$2,790,220	$240.40	4.63%
7	HitBTC	ZEC/USDT	$2,390,280	$247.57	3.96%
8	Bit-Z	ZEC/BTC	$2,163,330	$239.69	3.59%
9	WEX	ZEC/USD	$2,110,910	$242.50	3.50%
10	Binance	ZEC/BTC	$2,034,370	$240.48	3.37%
		View More			
Total/Avg			$60,293,604	$241.52	

〈코인마켓캡 기준 상위 10개 상장 거래소〉

6. 홈페이지 정보

공식 홈페이지 : https://z.cash/
백서 : http://zerocash-project.org/media/pdf/zerocash-extended-20140518.
    pdf
공식 페이스북 : https://www.facebook.com/zcashco/
공식 트위터 : https://twitter.com/zcashco

7. 소재지 및 연락처

소재지 : 미확인
연락처 : info@z.cash

웨이브즈
WAVES

Get started with blockchain

Waves는 코인거래, ICO, 커뮤니티 플랫폼이다.
ICO와 거래를 담당하는 코인 플랫폼.

1. 기본 정보

- 화폐 표기 : WAVES
- 발행일 : 2016년 06월 02일
- 발행량 : 100,000,000 WAVES
- 증명 방식 : LPoS(Lease Proof or Stake)
- 채굴 가능 여부 : 불가능
- 시가총액 : 5,430억원
- 가격 : 5,432원 (2018.04.18 기준)

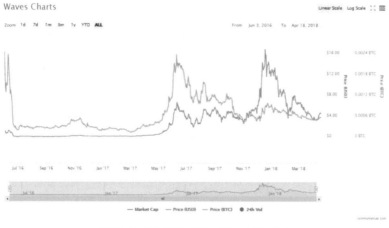

〈2018. 04 기준 코인마켓캡 가격, 거래량 차트〉

2. 개발자

Sasha Ivanov(알렉산더 이바노프) _ Moscow, Moscow City, Russian Federation
Waves Platform _ Founder & CEO

3. 기능과 특징

웨이브즈 플랫폼은 모든 개인이나 기관이 블록체인을 이용하여 혜택을 얻을 수 있도록 하는 공유 인프라와 사용이 간편한 다기능 툴을 제공함으로써 전세계에서 창업정신을 고취하고자 한다.

웨이브즈 플랫폼은 거래시스템과 크라우드 펀딩을 블록체인화시키려 개발되었고, 주로 낮은 수수료로 기업의 주식이나 자산의 거래, 교환, 투자, 펀딩 등에 사용된다. 즉, 웨이브즈는 암호화폐 발행과 거래가 동시에 가능한 분산형 교환시스템으로 구성된 암호화폐 거래 플랫폼이다. 해킹의 위험에서 벗어나 빠르고 안전한 거래가 가능하며 보안성이 높다. 거래를 위한 인터페이스는 온라인 뱅킹 앱과 비슷하게 만들어 암호화폐에 대한 진입장벽을 낮췄으며, 암호화된 키를 분실할 경우 모든 것을 잃어버리는 상황이 벌어지지 않게 사용자가 계정을 백업하는 게 가능하다.

웨이브즈는 기본적으로 POS시스템이기 때문에 10,000개의 코인을 보유한 이용자들은 풀노드가 되어 처리하는 거래에 대한 수수료를 받는다. 더 나아가 웨이브즈는 자신의 지분을 양도할 수 있는 기능을 추가해 LPOS를 구현한다. 이는 사용자들이 믿음직한 풀노드를 선택할 수 있게 해, 거래 시간을 단축하고 더 많은 거래를 처리할 수 있게 한다. 지분을 양도하여도 코인이 실질적으로 지갑에서 나가는 것은 아니다.

웨이브즈는 DEX를 통해 플랫폼 위에서 분산화된 거래소를 지원한다. Matcher nodes를 통해 주문들이 연결되는데, 이는 중앙화된 거래소만큼 빠른 거래를 가능하게 한다. 누구나 Matcher nodes가 될 수 있으며, 이들은 매칭서비스에 대한 수수료를 받는다.

웨이브즈의 Flat gateway는 실질 통화를 Wusd, Weur과 같은 웨이브즈 토큰으로 바꿔준다. 다른 암호화폐도 플랫폼 안에서 토큰화될 수 있으며, 모든 토큰은 실제 가치만큼 뒷받침된다. 이들은 적은 수수료로 전통적인 은행 거래보다 빠르게 거래된다. 이렇게 웨이브즈는 법정화폐와 암호화폐를 교환하는 연결고리 역할을 한다.

웨이브즈를 통해 수익을 버는 방법으로 리스(Lease)라는 것이 존재한다. 보통 10,000 웨이브즈 이상을 소유하지 않은 투자자의 경우 이자로 수익을 낸다는 것은 어렵다. 따라서 자신이 보유하고 있는 웨이브즈 코인을 리스하여 그에 대한 보상을 받는 방법이 보다 현실적인 대안이다. 리스의 방법은 매우 간편하다. 먼저 Lite Client라는 지갑을 생성한다. 이후 자신이 보유하고 있는 웨이브즈 코인을 만들어 놓은 웨이브즈 Lite Client 지갑으로 송금한다. 송금된 상태에서 원하는 금액만큼 리스를 하면 된다.

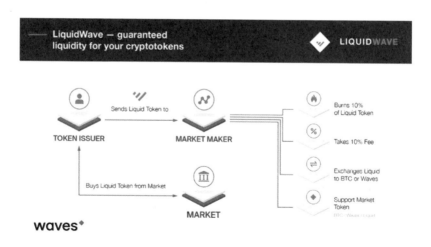

〈웨이브즈 트랜잭션 과정〉

웨이브즈는 이더리움과 같이 스마트 컨트랙트를 쓰지만 좀 더 간단하게 구현한다. 또한, 이더리움의 경우는 World's computer라는 수식어에서 알 수 있듯이 플랫폼 위에서 모든 것이 구동되지만, 웨이브즈는 플러그인 방법으로 운영되어 소프트웨어가 웨이브즈 위에 지어지는 게 아닌 웨이브즈 플랫폼과 상호작용한다.

4. 비전과 전망

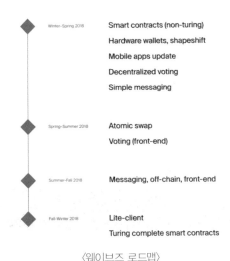

〈웨이브즈 로드맵〉

최근 암호화폐에 대한 각국의 정부 규제가 가시화되고 있는 시점에 웨이브즈는 외부 환경변화에 발맞춰 딜로이트 회계법인(세계 4대 회계법인)과 파트너십을 맺고 블록체인 기술발전을 위한 framework(프레임 워크)를 만들고자 한다.

향후 웨이브즈의 로드맵 계획이 잘 이행된다면 웨이브즈 코인의 성장을 기대해 봐도 좋을 것이다. 또한 업데이트 메인넷에서 토큰 에어드랍 또한 호재로 작용했다.

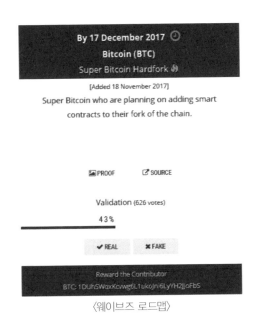

〈웨이브즈 로드맵〉

추가적인 에어드랍이 있을 수 있으니 waves platform을 주시하는 것이 좋을 듯하다.(에어드랍을 받기 위해서는 거래소지갑이 아니라 개인지갑에 웨이브즈 코인을 넣어둬야 한다)

5. 상장된 거래소

35. Waves (0.13%)

#	Source	Pair	Volume (24h)	Price	Volume (%)
1	Tidex	WAVES/BTC	$9,924,630	$4.48	44.23%
2	Binance	WAVES/BTC	$5,043,180	$4.47	22.47%
3	YoBit	WAVES/BTC	$2,498,750	$4.48	11.13%
4	Bittrex	WAVES/BTC	$1,436,000	$4.51	6.40%
5	Exmo	WAVES/BTC	$803,776	$4.47	3.58%
6	Waves Decentralized Exchange	WAVES/BTC	$358,618	$4.48	1.60%
7	Bitcoin Indonesia	WAVES/IDR	$254,082	$4.51	1.13%
8	Binance	WAVES/ETH	$251,356	$4.42	1.12%
9	Upbit	WAVES/BTC	$197,276	$4.53	0.88%
10	Upbit	WAVES/KRW	$174,385	$4.67	0.78%
		View More			
Total/Avg			$22,441,052	$4.48	

〈코인마켓캡 기준 상위 10개 상장 거래소〉

6. 홈페이지 정보

공식 홈페이지 : https://wavesplatform.com/
백서 : https://s3.ca−central−1.amazonaws.com/wavesdb.com/images/
whitepaper_v0.pdf
공식 페이스북 : https://www.facebook.com/wavesplatform/
공식 트위터 : https://twitter.com/wavesplatform

7. 소재지 및 연락처

소재지 : Moscow, Moscow City, Russian Federation
연락처 : support@wavesplatform.com

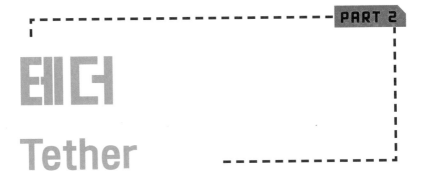

테더
Tether

Digital money for a digital age

USD 1달러의 가치를 가진다는 약속에 의해
발행한 암호화폐

1. 기본 정보

- 화폐 표기 : USDT

- 발행일 : 2014년 06월 10일

- 발행량 : 2,287,140,814 / 2,280,109,970 USDT

- 증명 방식 : PORP (proof of Reserved Process)

- 채굴 가능 여부 : 불가능

- 시가총액 : 2조 6,047억원

- 가격 : 1,139원 (2018.04.18 기준)

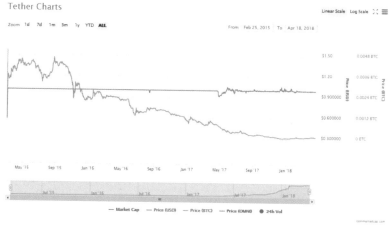

〈2018. 04 기준 코인마켓캡 가격, 거래량 차트〉

2. 개발자

Jan Louis vander velde(장 루이 반데르 벨데) _
Hong Kong Island, Hong Kong
Tether _ CEO
Bitfinex _ CEO
PAG Asia INC. _ CEO
Tuxia GmbH _ CSO & Co-founder

3. 기능과 특징

테더는 'Omni Layer Protocal'이라는 블록체인에서 발행되는 전자화폐 자산이다. 거래소에서 1USDT는 1USD 정도로 사용되는 일종의 통화와 같다 USDT는 Tether Limited라는 기금(중앙은행 같은)에서 제공하는 달러로 그 가치가 지속적으로 유지되고 있다.

기존 보통 코인들과 다르게 Tether사가 발행한 중앙집중화 코인이다. 이것은 암호화폐에서 추구하는 탈중앙화와는 조금 다른 방향이다. 하지만 거래에 있어서는 매우 유용하다.

1) **안정적인 통화** _ 테더는 현금을 디지털화폐로 변환하여 미국 달러, 유로 및 엔과 같은 국가 화폐가격에 고정시켜 암호화폐의 가치 안정화를 실현시켰다.

2) **100% Backed** _ 테더는 항상 보유 비축금에 의해 1:1을 유지시킨다. 그러므로 1USD = 1USDT

3) **투명성** _ 테더의 보유자산은 매일 공개되며 전문적인 감사를 받는다. 순환하는 USDT는 보유량과 일치한다.

4) **블록체인 기술** _ 테더 플랫폼은 제공되는 보안 및 투명성을 활용하여 블록체인 기술을 기반으로 구축된다.

5) **광범위한 통합** _ 테더는 오늘날 가장 광범위하게 통합된 Digital − To − Fiat이다.

6) **안전성** _ 테더의 블록체인 지원 기술은 국제적인 규정을 충족시키면서 세계적인 보안을 자랑한다.

7) **거래시간** _ USB로 예금과 인출을 할 경우 1~4일 정도의 시간이 소요되는 과정이 있지만, 테더의 트랜잭션은 수 분 내로 완료된다.

8) **거래 수수료** _ 거래소로 입금 시 테더는 수수료를 부과하지 않지만, 화폐로 입금 시에는 비싼 수수료를 지불하게 되고 지원하지 않는 통화의 경우 환전 수수료가 발생한다.

4. 비전과 전망

테더는 Peer to Peer 네트워크로 이루어진 개방형 블록체인 플랫폼이다. 앞서 말했듯이 테더는 가치 고정이라는 화폐의 특성을 가지고 있다. 즉 테더에서 제공하는 플랫폼은 높은 보안과 투명성을 기반으로 개방형 블록체인 기술을 구축했다는 것이다. 이러한 이유로 기존의 암호화폐와 달리 거래소나 지갑에서 다양하게 이용되고 있다. 하지만 실제로 돈을 받고 하는 상황인지 그리고 돈이 확인되는 상황인지 정확하지가 않다. 우리가 확인할 수 있는 사항은 발행량 정도뿐이다.

이 때문에 미국 상품거래위는 테더와 비트피넥스에 대해 작년 12월부터 조사하고 있다. 그리고 현재 하락장의 주 원인이라 불린다는 점이다. 숏을 지속적으로 치기 위해서는 반등이나 상승이 필요한데, 이를 테더를 발행시켜 반등 내지 상승을 만든 뒤에 선물시장에서 숏을 쳐서 이익을 챙긴다는 것이다. 특히 요새 들어 이런 상황들(테더의 급격한 발행)이 더욱 많이 보이면서 우려의 말이 나오고 있다.

〈1주일 간격으로 1억 달러 정도의 테더를 계속 만들고 있다〉

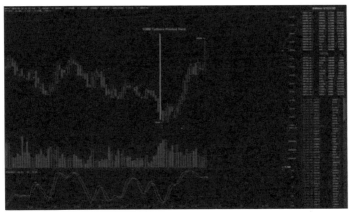

*(출처 - https://twitter.com/Bitfinexed/status/953509726402367488 ⬀)

테더가 코인을 만들면 바로 비트코인 가격에 단기 펌핑이 찾아왔다.

*(출처 - https://kr.investing.com/currencies/bitcoin-futures-technical ⬀)

그 이후 선물시장의 숏 포지션 공격이 쏟아진다.

2018년 3월 현재 테더는 시가총액 15위에 랭크 되어있고, 2017년 12월에 시작된 조사는 현재 진행 중이다. 이러한 이슈보다는 다가오는 Etf 관련 이슈를 생각해 보는 것 또한 생각해 볼 일이다.

5. 상장된 거래소

2. Tether (15.10%)

#	Source	Pair	Volume (24h)	Price	Volume (%)
1	Binance	BTC/USDT	$494,073,000	$1.00	18.12%
2	OKEx	BTC/USDT	$398,452,000	$1.00	14.61%
3	Huobi	BTC/USDT	$222,095,000	$1.00	8.14%
4	OKEx	ETH/USDT	$146,908,000	$1.00	5.39%
5	Huobi	ETH/USDT	$139,872,000	$0.999592	5.13%
6	Binance	ETH/USDT	$133,607,000	$0.995499	4.90%
7	Binance	NEO/USDT	$86,721,000	$1.01	3.18%
8	OKEx	LTC/USDT	$78,663,200	$1.00	2.88%
9	HitBTC	BTC/USDT	$58,363,100	$0.969142	2.14%
10	Bittrex	BTC/USDT	$57,721,200	$0.999214	2.12%
		View More			
Total/Avg			**$2,726,907,519**	**$1.00**	

〈코인마켓캡 기준 상위 10개 상장 거래소〉

6. 홈페이지 정보

공식 홈페이지 : https://tether.to/
백서 : https://tether.to/wp-content/uploads/2016/06/TetherWhitePaper.
   pdf
공식 페이스북 : https://www.facebook.com/tether.to
공식 트위터 : https://twitter.com/Tether_to/

7. 소재지 및 연락처

소재지 : Hong Kong Island, Hong Kong
연락처 : support@tether.to

스트라티스
Stratis

We make blockchain easy for you

BaaS(Blockchain as a Service) 회사들이
프라이빗 블록체인을 만들고, 어플리케이션을
분산장부에서 운영할 수 있게 도와주는 플랫폼

1. 기본 정보

- 화폐 표기 : STRAT

- 발행일 : 2016년 08월 09일

- 발행량 : 98,821,155 START

- 증명 방식 : PoS(Proof of Stake)

- 채굴 가능 여부 : 불가능

- 시가총액 : 5,970억원

- 가격 : 6,037원 (2018.04.18 기준)

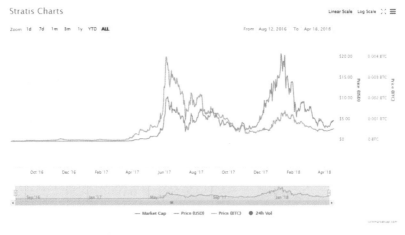

〈2018. 04 기준 코인마켓캡 가격, 거래량 차트〉

2. 개발자

Chris Trew(크리스 트류) _ London, England, United Kingdom
Stratis _ CED & Founder
Xtravirt Limited _ Senior Technical Consultant

스트라티스 Stratis

3. 기능과 특징

스트라티스는 블록체인에서 어플리케이션 개발, 테스트 및 배포하려는 실제 금융 서비스 기업과 기타 조직들의 요구에 맞게 설계된 실질적이고 유연한 블록체인 개발 플랫폼이다. 스트라티스 블록체인 App은 순전히 C#과 마이크로소프트 닷넷 프레임워크(NET Framework)를 활용해 개발할 수 있으며, 스트라티스 API 및 프레임워크를 활용할 수도 있다. 스트라티스는 블록체인 어플리케이션 개발 프로세스를 크게 간소화하며, 블록체인 개발 프로젝트의 개발 주기를 가속한다. 스트라티스 비공개 체인을 통해 기업은 자체 블록체인 네트워크 인프라를 운영하는데 부담 없이 맞춤형 블록체인을 구축할 수 있다.

스트라티스의 턴키(turnkey) 솔루션을 통해 개발자와 기업은 내부적 구현으로 발생하는 비용과 보안에 대한 문제 없이 블록체인 기반 어플리케이션을 쉽고 빠르게 제작 및 테스트하고 배포할 수 있다. 스트라티스는 비트코인의 신뢰할 수 있고 검증된 아키텍처를 활용해 C#으로 완전 노드(Full Node)를 개발하고 있다. 스트라티스 플랫폼은 혁신적인 C#으로 개발한 검증된 노드 위에 구축되며, 동시에 광범위하며 강력한 새로운 기능이 추가된다. 또한, 스트라티스는 커스터마이징이 가능한 사이드체인의 배포도 가능하다.

스트라티스는 NStratis, 완전노드(Full Node)의 비트코인 버전을 계속 유지 보수하며 개발할 것이다. 스트라티스 비트코인 완전노드(Full Node) 및 NStratis 프레임 워크는 오픈 소스로 누구나 확인하고 복사 및 수정할 수 있으며, 개발 생태계 및 상호 이익을 위한 아이디어 및 개발 추진에 기여할 수 있다.

완전 노드(Full Node)는 블록체인의 유효 블록들을 기록하는 것이 목표인 어플리케이션이다. 완전노드(Full Node)는 필수적인 여러 계층으로 구성되어 있다.

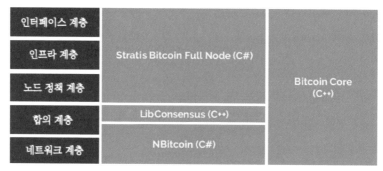

〈스트라티스 계층구조〉

- 네트워크 계층 – 어느 메시지들이 어떻게 완전노드(Full Node) 간에 교환되었는지를 다룬다.
- 합의 계층 – 어느 것을 유효한 블록으로 간주할 것인지에 대한 (블록체인 전체의)룰을 정한다.
- 노드 정책 계층 – DDoS(노드 전체 규칙) 공격을 방지하기 위해 합의 층보다 더욱 제한적인 규칙을 추가한다.
- 인프라 계층 – 블록과 거래들을 어떻게 효과적으로 저장하고 입증할 것인지 관리한다.
- 인터페이스 계층 – 개발자들이 노드 상태나 사용자 인터페이스를 문의하기 위한 API.

1) 스트라티스 비공개 체인

스트라티스 비공개 체인을 사용하면 개발자의 특정 요구에 맞게 커스터마이징해서 구현할 수 있으며, 그 토대를 이루는 부모 블록체인으로 보안에 대한 높은 수준의 신뢰성을 제공하기에 충분하다.

2) 스트라티스 블록체인 서비스화(BaaS)

블록체인 서비스화(BaaS)는 개발자가 네트워크 또는 클라이언트 전체를 유지할 필요 없이, 클라우드에서 맞춤형 블록체인 기반 어플리케이션을 테스트하고 구축할 수 있게 해준다. 블록체인 구현은 요구에 맞게 조정할 수 있으며, 라이트 클라이언트나 API를 통해 액세스할 수 있다.

3) 분산 App 호스팅

스트라티스는 자체 블록체인에 통합된 서비스를 제공하는 것은 물론, 이더리움 블록체인에서 구현되는 탈중앙화된 어플리케이션(Dapps)에 대한 호스팅 및 컨설팅을 전문적으로 제공한다. 이를 통해 스마트 컨트랙트에 대한 표준화된 완벽한 접근방식으로 구현할 수 있다. 스트라티스는 필요한 경우 노드를 배포하고 호스팅을 구성하기 전에 비즈니스 요구 사항을 파악하기 위해 기업과 면밀하게 협력한다. 클라이언트는 인프라 구축에 시간과 자원을 낭비할 필요 없이 Dapps 개발에 초점을 맞출 수 있다.

4) 비트코인, 이더리움, LISK 노드 제공

이러한 솔루션은 스트라티스 체인 및 비공개 체인에만 한정되지 않는다. 스트라티스는 비트코인, 이더리움, 비트쉐어 및 LISK를 포함한 다른 주요 블록체인 플랫폼을 원 클릭(One-click)으로 제공할 수 있다. 각각의 플랫폼마다 특징을 갖고 있으며, 개발자 커뮤니티와 활용 사례들이 존재한다. 따라서 조직이 서로 다른 네트워크를 테스트하거나 다른 기능을 사용하기 위해 병행하려는 경우, 중단 없이 쉽고 빠르게 제공할 수 있다.

즉, 스트라티스 비공개 블록체인의 장점은 처음부터 새로운 체인을 만들 필요가 없을 뿐만 아니라, 불필요하게 제한적이거나 암호화폐 네트워크를 생성하고 유지하는 데 부담이 없으며, 대부분 조직에서 필요한 모든 이익을 제공할 것이다. 블록체인과 블록체인 서비스화(BaaS)에 대한 클라우드 제공 방식을 이용하면, 계정에 가입하고 필수 선택 요소를 선택하는 등 매우 간단한 프로세스로 새로운 체인을 배치할 수 있다. 이러한 맞춤형 솔루션은 웹 인터페이스 및 API를 통해 액세스 할 수 있으며, 사용자가 원한다면 비공개 체인과 호스트 스트라티스 네트워크 모두를 위한 완전노드(Full Node)를 실행할 수 있다. 비트코인과의 호환성은 비트코인 기반 서비스가 추가 기능 및 편리성을 위해서 스트라티스에 쉽게 포팅될 수 있다는 것을 의미한다.

4. 비전과 전망

스트라티스는 마이크로소프트 Azure에서 스폰하고 있는 코인이기 때문에 한동안 큰 이슈가 되었다. 대기업에서 후원하는 기업답게 다양한 뉴스를 발표했는데 스트라티스는 학습 시스템(LMS)의 개발을 완료했으며, 이 시스템은 두 가지 수업과 커뮤니티 관리 시스템의 결합을 통해 회사가 구축하고 싶은 경우 스트라티스에서 같이 연구를 하면서 블록체인을 구성해 주거나, 위탁을 받아서 블록체인을 구성해 준다는 것이다. 스

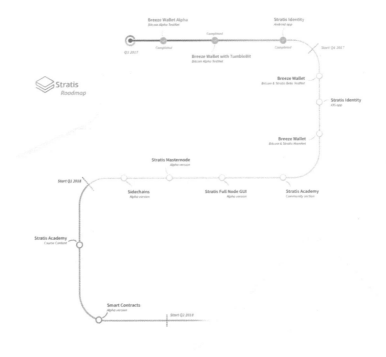

〈스트라티스 로드맵〉

트라티스는 블록체인 네트워크 상에서 ICO를 안전하게 커스터마이징이 가능하며 올해 안으로 자바스크립트와 API같은 다른 언어로의 포팅도 계획하고 있다. 게다가 코인을 25만 개 이상을 보유한 마스터노드의 경우 별도의 수수료를 제공한다. 스트라티스의 비전은 무궁무진하지만 발전 가능성을 본다면, 최초로 C#기반으로 비트코인의 노드를 100% 포팅을 성공한 스트라티스는 POS 시스템을 적용했기 때문에 보유한 코인에 대해 1%의 수익을 제공받고 25만 개를 보유해서 마스터노드가 되면 Breeze Wallet의 수수료를 얻을 수 있기 때문에 해외에서는 기업의 성공 가능성과 별개로 긍정적 반응을 보이고 있다.

5. 상장된 거래소

58. Stratis (0.05%)

#	Source	Pair	Volume (24h)	Price	Volume (%)
1	Binance	STRAT/BTC	$3,944,910	$4.35	42.51%
2	Bittrex	STRAT/BTC	$2,249,270	$4.35	24.24%
3	Poloniex	STRAT/BTC	$1,047,290	$4.35	11.29%
4	Upbit	STRAT/BTC	$519,294	$4.35	5.60%
5	Upbit	STRAT/KRW	$456,827	$4.48	4.92%
6	Binance	STRAT/ETH	$368,550	$4.37	3.97%
7	Trade By Trade	STRAT/BTC	$160,452	$4.41	1.73%
8	HitBTC	STRAT/BTC	$124,643	$4.37	1.34%
9	HitBTC	STRAT/USDT	$90,086	$4.65	0.97%
10	Livecoin	STRAT/BTC	$89,592	$4.39	0.97%

View More

| *Total/Avg* | | | **$9,279,956** | **$4.36** | |

〈코인마켓캡 기준 상위 10개 상장 거래소〉

6. 홈페이지 정보

공식 홈페이지 : https://stratisplatform.com/
백서 : https://stratisplatform.com/files/Stratis_Whitepaper.pdf
공식 페이스북 : https://www.facebook.com/stratiscoin/
공식 트위터 : https://twitter.com/stratisplatform

7. 소재지 및 연락처

소재지 : 10550333, residing at 20-22 Wenlock Road, London, N1 7GU
연락처 : info@stratisplatform.com

스팀
Steem

STEEM

Rewards Platform for Publishers
To Monetize Content and
Grow Community

스팀(Steem)은 블록체인 기술을 기반으로
콘텐츠 제작자들과 커뮤니티에 실질적인 보상을 주는
플랫폼

1. 기본정보

- 화폐 표기 : STEEM/SBD

- 발행량 : 254,589,849 / 271,563,943 STEEM

- 증명 방식 : PoW(Proof of Work) + DPoS(Delegated Proof of Stake)

- 채굴 가능 여부 : 가능

- 시가총액 : 8,107억원

- 가격 : 3,184원 (2018.04.18기준)

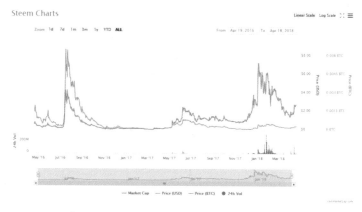

〈2018. 04 기준 코인마켓캡 스팀 가격, 거래량 차트〉

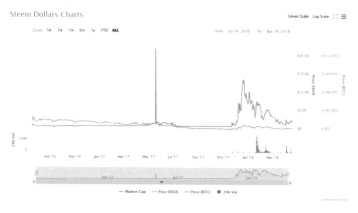

〈2018. 04 기준 코인마켓캡 스팀달러 가격, 거래량 차트〉

2. 개발자

Daniel Larimer과 Ned Scott(댄 라이머 와 네드 스캇) _ United States of America

Daniel Larimer • 2촌
CTO at BlockOne
BlockOne • Virginia Tech
Blacksburg, Virginia • 224명 👥

Ned Scott • 3촌
Founder and CEO at Steemit
Steemit • Bates
뉴욕 시티 지역 • 500+명 👥

스팀은 댄 라리머와 네드 스캇이 공동으로 만들었으며 댄 라리머는 비트쉐어와 이오스를 만들기도 하며 비탈릭 부테린의 이더리움과 경쟁하고 있다.

3. 기능 및 특징

비트쉐어와 이오스, 스팀 모두 위임 지분 증명(Delegated Proof of Stake, DPoS) 시스템을 통해 트랜잭션 속도를 높인 것이 특징인데, 위임 지분 증명이란 지분을 보유한 사람들이 대표를 선출하고 자신들의 지분을 위임해서 합의를 통해 시스템을 운영하는 방식을 가리킨다.

스팀에서는 증인으로 20명의 대표를 선출한다. 합의는 증인의 2/3가 동의해야 이뤄지며, 증인들은 블록을 생성하고 시스템 안정과 커뮤니티의 유지에 기여하는 역할을 한다.

Witnesses

99.21875% Participation

Rank	Witness	Approval	%	Miss	Last block	URL	Reg fee	Feed	Bias	APR	Block Size	Version
1	jesta	77,145	20.17%	515	20,460,137	🔗	0.1	$3.043	0~	0~	65,536	0.19.2
2	roelandp	73,904	18.62%	16	20,460,141		0.1	$2.987	0~	0~	65,536	0.19.2
3	gtg	70,021	18.31%	42	20,460,134		0.1	$3.123	0~	0~	65,536	0.19.2
4	good-karma	67,877	17.75%	407	20,460,152		0.1	$3.010	0~	0~	65,536	0.19.2
5	timcliff	67,389	17.62%	84	20,460,142		0.1	$3.145	0~	0~	65,536	0.19.2
6	cune	65,529	17.13%	34	20,460,155		0.1	$3.095	0~	0~	98,304	0.19.2
7	ausbitbank	64,048	16.75%	102	20,460,148		0.1	$3.073	0~	0~	65,536	0.19.2
8	blocktrades	63,306	16.57%	1132	20,460,139		0.1	$3.220	0~	0~	65,536	0.19.2
9	thecryptodrive	62,729	16.40%	175	20,460,153		0.1	$3.050	0~	0.01~	65,536	0.19.2
10	someguy123	62,621	16.38%	228	20,460,143		0.1	$2.944	0~	0~	65,536	0.19.2
11	aggroed	62,212	16.27%	16	20,460,151		0.2	$2.944	0~	0.01~	65,536	0.19.2
12	smooth.witness	61,779	16.16%	161	20,460,154		0.1	$3.220	0~	0~	65,536	0.19.2
13	lukestokes.mhth	61,746	16.15%	12	20,460,150		0.1	$3.099	0~	0~	65,536	0.19.2
14	clayop	61,577	16.10%	749	20,460,133		0.1	$3.099	0~	0~	65,536	0.19.2
15	pharesim	61,442	16.07%	1243	20,460,149		0.1	$3.106	222~	0~	65,536	0.19.2
16	anyx	61,363	16.05%	188	20,460,147		0.1	$3.175	0~	0~	65,536	0.19.2
17	xeldal	58,513	15.30%	274	20,460,138		0.1	$3.130	0~	0~	65,536	0.19.2
18	pfunk	57,291	14.96%	312	20,460,145		0.1	$3.072	0~	0~	65,536	0.19.2
19	furion	56,547	14.79%	147	20,460,144		0.1	$3.087	0~	0~	65,536	0.19.2
20	netuoso	53,592	14.02%	175	20,460,140		0.2	$3.001	300~	1~	65,536	0.19.2
21	followbtcnews	53,186	13.91%	5	20,460,146		0.1	$2.944	0~	0~	65,536	0.19.2
22	jerrybanfield	52,964	13.85%	7	20,459,793		0.2	$2.944	0~	0~	65,536	0.19.2
23	riverhead	52,759	13.80%	2868	20,460,079		0.1	$3.063	0~	0~	65,536	0.19.2

〈스팀의 증인들〉

　굵게 표시된 20명이 바로 스팀의 '증인'들인데, 이 증인들은 투표에 의해 바뀔 수 있다. 누가 증인이 되느냐에 따라 스팀 커뮤니티의 방향성이 달라질 수도 있게 된다. 스팀 커뮤니티에 가입되어 있다면 누구나 증인 투표를 할 수 있으며 투표 대리인을 선정할 수도 있다.

스팀잇(Steemit)

〈스팀잇 메인〉

스팀잇은 블록체인을 기반으로 한 스팀의 SNS 서비스이다. 페이스북의 '좋아요'에 해당되는 스팀잇의 '업보트(upvote)'는 스팀 토큰으로 교환되고 이렇게 얻은 토큰은 사고 팔 수 있기 때문에 실제로 스팀잇에 콘텐츠를 올려서 수익을 얻는 사례가 늘고 있다.

대표적으로 캐나다의 사업가인 제프 버윅(Jeff Berwick)은 포스팅을 통해 하루에 1만 5,000달러 정도를 벌기도 했고, 미국의 릴리 다빈이라는 사람은 마리화나를 재배하다가 수배자가 되어 멕시코로 도망갔는데, 스팀잇에 글을 올려 하루 2,000달러 정도의 수익을 올리며 살고 있다고 한다.

스팀잇은 이렇게 글을 올리는 사람에게 보상을 주는 동시에 다른 사람들의 글에 투표하는 행위(업보트 또는 다운보트)에도 보상을 줘서 커뮤니티 자체가 커지는 것을 목표로 한다.

스팀잇의 구조는 미국의 소셜 뉴스 커뮤니티 사이트인 레딧(Reddit)과 유사하기 때문에 영어권 사용자들을 중심으로 빠르게 퍼질 수 있었으며 한국에서도 암호화폐와 관련된 포스트들을 시작으로 사용자들이 늘고 있다.

스팀은 스팀과 스팀달러를 동시에 운용하는데, 이는 디지털 자산의 변동성을 줄여서 리스크를 피하기 위해서이다. 스팀은 스팀달러로 사고 파는 것이 가능하기 때문에 스팀의 가격이 급락 혹은 급등할 경우 스팀잇의 사용자는 스팀파워를 이용해 스팀 가격대를 조절할 수 있다.

따라서 스팀잇의 사용자들은 분산을 통해 급격한 가격변동을 막고 가격을 안정적으로 형성해 나갈 수 있게 된다.

〈스팀 커뮤니티 2016년 모임〉

　　2016년 11월 암스테르담에서 열린 스팀페스트(steemfest)에는 32개 국가에서 온 35명의 참가자들이 모두 스팀잇에서 얻은 스팀달러로 여행경비를 충당했다고 한다.

〈스팀의 스마트미디어 토큰〉

4. 비전과 전망

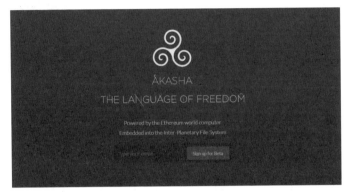

〈스팀과 비슷한 서비스인 아카샤〉

탈중앙화된 소셜 미디어 네트워크를 표방하는 아카샤(Akasha)처럼 스팀잇과 경쟁할 플랫폼들이 등장하고 있다. 이러한 상황에서 스팀잇은 SMT(Smart Media Token) 시스템을 발표한다. SMT는 사람의 머리에서 나온 아이디어와 콘텐츠가 곧 자산이 되는 Proof of Brain(PoB)을 기반으로 한 어플리케이션을 누구나 쉽게 만들 수 있게 도와준다. 즉 스팀의 블록체인을 사용해 스팀잇과 같은 서비스를 만들 수 있게 되는 것으로, 스팀 측은 사용자들이 SMT 어플리케이션을 사용하기 위해 스팀을 구매하고 보유함으로써 스팀 가격이 올라갈 것으로 기대하고 있다.

〈Proof-of-Brain 설명 페이지〉

이러한 토큰 시스템은 이더리움의 ERC-20토큰과 비슷하지만 스팀은 이더리움보다 훨씬 빠른 트랜잭션 속도를 장점으로 내세우고 있다.

5. 상장된 거래소

70. Steem (0.08%)

#	Source	Pair	Volume (24h)	Price	Volume (%)
1	Upbit	STEEM/KRW	$3,203,130	$2.02	38.67%
2	Binance	STEEM/BTC	$2,406,390	$1.97	29.05%
3	Bittrex	STEEM/BTC	$1,102,870	$1.99	13.31%
4	Upbit	STEEM/BTC	$1,011,440	$1.98	12.21%
5	Binance	STEEM/ETH	$332,361	$1.97	4.01%
6	Binance	STEEM/BNB	$80,303	$1.97	0.97%
7	Poloniex	STEEM/BTC	$75,148	$1.76	0.91%
8	Vebitcoin	STEEM/TRY	$28,593	$2.11	0.00%
9	HitBTC	STEEM/BTC	$20,001	$1.78	0.24%
10	GOPAX	STEEM/KRW	$13,841	$2.18	0.17%
		View More			
	Total/Avg		$8,283,244	$1.99	

〈스팀 코인마켓캡 기준 상위 10개 상장 거래소〉

69. Steem Dollars (0.08%)

#	Source	Pair	Volume (24h)	Price	Volume (%)
1	Upbit	SBD/KRW	$6,744,180	$2.09	80.72%
2	Upbit	SBD/BTC	$921,517	$2.06	11.03%
3	Bittrex	SBD/BTC	$673,701	$2.06	8.06%
4	GOPAX	SBD/KRW	$9,550	$2.05	0.11%
5	Poloniex	SBD/BTC	$5,967	$1.79	0.07%
6	OpenLedger DEX	SBD/BTS	$53	$1.99	0.00%
7	HitBTC	SBD/BTC	$37	$3.35	0.00%
8	OpenLedger DEX	SBD/BTC	$4	$1.57	0.00%
9	OpenLedger DEX	SBD/BITUSD	$2	$2.11	0.00%
10	OpenLedger DEX	SBD/BITCNY	$2	$2.12	0.00%
	Total/Avg		$8,355,014	$2.08	

〈스팀달러 코인마켓캡 기준 상위 10개 상장 거래소〉

6. 홈페이지 정보

공식 홈페이지 : https://steem.io/
백서 : https://steem.io/SteemWhitePaper.pdf
블로그(스팀잇) : https://steemit.com/@steemitblog
트위터 : https://twitter.com/steemit

7. 소재지 및 연락처

소재지 : New City, New York, United States
연락처 : contact@steemit.com

아크

Ark

All-in-One Blockchain Solutions

A Platform for Consumer Adoption

아크(Ark)는 다른 코인들을 블록체인으로 연결해
모든 블록체인의 허브 역할을 하는 것을 목표로 하는
플랫폼

1. 기본 정보

- 화폐 표기 : ARK

- 발행일 : 2016년 10월 16일

- 발행량 : 101,973,814 / 133,223,814 ARK

- 증명 방식 : DPoS(Delegated Proof of Stake)

- 채굴 가능 여부 : 가능

- 시가총액 : 3,093억원

- 가격 : 3,036원 (2018.04.18기준)

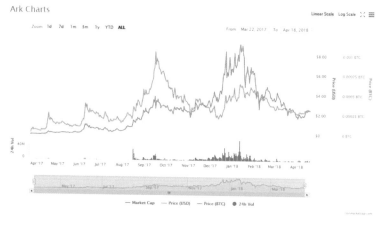

〈2018. 04 기준 코인마켓캡 아크 가격, 거래량 차트〉

2. 개발자

Francois-Xavier Thoorens · 3촌
Cofounder and Head of Development at Ark
Ark · Institut national des Télécommunications

Francois-Xavier Thoorens(프랑코
사비에르 토렌스) _ France

아크의 설립자인 사비에르(Francois-Xavier Thoorens)는 리스크(Lisk)의 핵심 개발자로 근무한 이력이 있다.

3. 기능 및 특징

아크의 핵심 기술은 스마트 브릿지(SmartBridge)다.

스마트 브릿지는 블록체인끼리 연결시킴으로써 각각의 블록체인들이 더 많은 블록체인, 더 많은 사람들과 소통할 수 있게 한다. 특정 코인의 기능을 사용하고 싶을 때 아크 코인을 가지고 있다면 아크를 통해 해당 코인의 블록체인과 연결되어 원하는 기능을 사용할 수 있기 때문에 단순한 블록체인 간 연결에서 더 나아가 새로운 블록체인 생태계를 만들 수 있는 가능성이 높아진다.

이때 아크가 스마트 브릿지라는 이름처럼 서로 다른 블록체인 기술들 간의 다리, 즉 중개자가 되어준다.

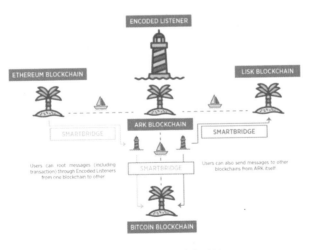

〈아크의 스마트 브릿지 기술〉

아크의 블록생성 속도는 8초로, 이러한 빠른 전송 속도를 바탕으로 일상에서 사용할 수 있는 실물 카드를 개발하고 있기도 하다.

트랜잭션 속도가 4초인 리플보다는 느리지만 블록 처리속도가 10분인 비트코인에 비해서는 아크의 전송 속도가 매우 빠르기 때문에 카드 시스템에 바로 적용 가능하다는 장점이 있다.

또한 아크는 리스크나 비트쉐어와 같은 DPoS방식을 사용하는데, 리스크보다 더 분권화된 투표 시스템을 운용한다는 점이 다르다.

4. 비전과 전망

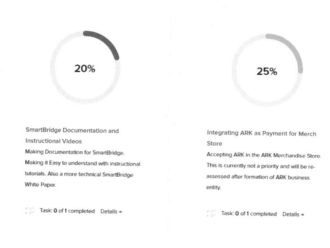

〈아크 로드맵 진행상황〉

아크의 개발진들은 구체적인 로드맵과 진행상황 보고를 통해 개발 상황을 전달하고 있다. 투자자들과 활발하게 소통하며 정보를 공유하는

면이 장점이지만, 스마트브릿지 기술을 완성하기 위해서는 핵심적인 부분인 다른 알트코인들과의 협의가 얼마나 잘 진행되느냐가 앞으로 아크의 성패를 결정지을 요소가 될 것으로 보인다.

또한 블록체인을 다운로드할 필요 없이 OS별로 구분된 지갑을 다운로드하는 것만으로 바로 사용이 가능한 아크가 앞으로 더 알려지고, 개발이 진행된다면 빠르게 다양한 코인을 활용하고자 하는 사람들의 요구를 충족시켜줄 것으로 보인다.

〈아크 공식 홈페이지〉

5. 상장된 거래소

236. Ark (0.01%)

#	Source	Pair	Volume (24h)	Price	Volume (%)
1	Binance	ARK/BTC	$362,360	$2.20	28.26%
2	Upbit	ARK/KRW	$295,494	$2.24	23.04%
3	Bittrex	ARK/BTC	$290,375	$2.20	22.64%
4	Upbit	ARK/BTC	$165,865	$2.20	12.93%
5	Binance	ARK/ETH	$95,066	$2.20	7.41%
6	Bit-Z	ARK/BTC	$61,240	$1.87	4.78%
7	Cryptopia	ARK/BTC	$3,447	$2.00	0.27%
8	COSS	ARK/BTC	$2,681	$2.18	0.21%
9	COSS	ARK/ETH	$2,389	$2.17	0.19%
10	OKEx	ARK/BTC	$2,035	$2.17	0.16%
		View More			
Total/Avg			**$1,282,444**	**$2.19**	

〈코인마켓캡 기준 상위 10개 상장 거래소〉

6. 홈페이지 정보

공식 홈페이지 : https://ark.io/
백서 : https://ark.io/Whitepaper.pdf
페이스북 : https://www.facebook.com/ArkEcosystem/
트위터 : https://twitter.com/ArkEcosystem

7. 소재지 및 연락처

소재지 : France
연락처 : info@ark.io

텐엑스
TenX

Spend Your Virtual Currencies
-Anytime, Anywhere
Connecting Blockchains to
the Real World

텐엑스(TenX)는 지불 회사로, 암호화폐를 이용한
직불 카드와 모바일 월렛 서비스를 제공한는 플랫폼

1. 기본 정보

- 화폐 표기 : PAY

- 발행일 : 2017년 6월

- 발행량 : 108,958,961 / 205,218,256 PAY

- 증명 방식 : ERC-20 Ethereum Token

- 채굴 가능 여부 : 불가

- 시가총액 : 1,511억원

- 가격 : 1,393원 (2018.04.18기준)

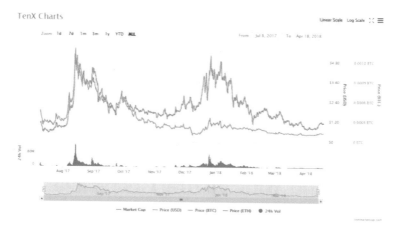

〈2018. 04 기준 코인마켓캡 텐엑스 가격, 거래량 차트〉

2. 개발자

Toby Hoenisch · 2촌
CEO & Co-founder @ TenX
TenX · Technische Universität Graz
싱가포르 · 500+명

Toby Hoenisch(토비 호에니쉬) _
Singapore

텐엑스의 대표 인물인 Toby Hoenisch는 일본과 오스트리아 등에서 공부하며 영어, 프랑스어, 독일어, 일본어를 구사할 수 있고 10살 때부터 프로그래밍을 시작했다고 한다. 싱가포르에 기반을 둔 텐엑스를 만들면서 블록체인과 암호화폐, ICO와 관련해 미디어에 자주 출연하고 있는 인물이다.

3. 기능 및 특징

텐엑스는 비자와 마스터카드사와 제휴해 거의 모든 곳에서 사용이 가능한 지불 카드의 보급을 목표로 한다.

〈암호화폐 직불 카드들—센트라, 모나코, 텐엑스〉

센트라, 모나코 등 시중에 이미 다양한 형태의 암호화폐 직불 카드들이 나와 있다. 이 중 싱가폴에 기반을 두고 있는 모나코와 텐엑스는 자금세탁방지(Anti-Money Laundering, AML)와 신원확인(Know your customer, KYC) 절차가 간단해 카드를 발급하기에 유리한 환경이다.

Toby Hoenisch, Julian Hosp, Michael Sperk 3명의 오스트리아인과 Paul Kitti라는 태국인이 주축이 되어 경영하고 있는 텐엑스 팀은 AI와 블록체인, 마케팅과 사업 운용에 대한 경험을 바탕으로 프로젝트를 함께 해나가고 있다고 홈페이지에서 밝히고 있다.

텐엑스는 전세계 200여 개국의 3,600만 개 이상의 사용처에서 텐엑스 카드와 텐엑스 모바일 월렛이 사용될 수 있도록 하는 것을 목표로 하며 ATM기 등에서 바로 편하게 사용할 수 있는 시스템을 구축하고 있다.

텐엑스카드를 사용할 경우 소비자에게 0.1%의 PAY 토큰 수수료가 지급되며 이 PAY 토큰은 텐엑스카드의 총 결제금액의 0.5%의 PAY 토큰을 보유자에게 이더리움으로 전달해 준다.

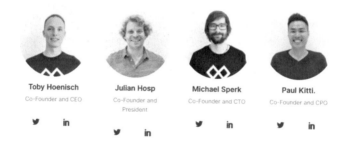

TenX Team

Our team has a wide experience in deep tech, AI, blockchain R&D, marketing and business operations. We are proud to have the support and trust of various industry leaders i.e. PayPal, DBS Blockchain and Citi Mobile Challenge.

Toby Hoenisch
Co-Founder and CEO

Julian Hosp
Co-Founder and President

Michael Sperk
Co-Founder and CTO

Paul Kitti.
Co-Founder and CPO

〈텐엑스의 개발진〉

텐엑스는 ICO 전부터 유튜브(Youtube)영상을 통해 대시, 이더리움을 활
용하여 결제를 하는 영상을 올려 텐엑스를 효과적으로 홍보하기도 했다.

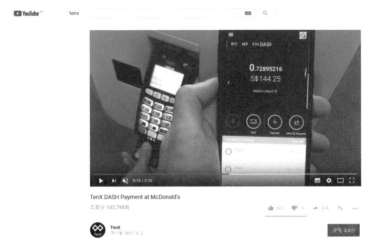

〈텐엑스를 이용해 결제하는 영상〉

4. 비전 및 전망

경쟁 업체가 많기 때문에 향후 점유율을 얼마나 확보하느냐가 관건이

〈센트라를 이용한 편의점 결제 영상〉

될 것으로 보인다.

국내에서도 현재 센트라 카드(Centra Card)를 이용하면 편의점과 은행 ATM기 등에서 암호화폐를 실제로 사용할 수 있다. 그러나 미국 회사인 센트라를 이용할 경우 국가 간 거래 가격의 차이 때문에 국내에서 쓸 경우 더 많은 비용을 지불하게 되는 경우가 생길 수도 있다.

또한 기존의 카드사들과 제휴해서 운용하고 있기 때문에 카드사의 압력에 의해 서비스가 중단되거나 바뀔 수 있는 가능성이 있다는 것도 불안 요소 중 하나이다.

암호화폐 직불카드가 실제로 널리 쓰이게 된다면 그 동안 암호화폐를 둘러싼 '실체가 없다'는 비판과 논란을 해소하며 실제 생활과 연계될 수 있기 때문에 앞으로 암호화폐 직불카드에 대한 관심은 지속될 것으로 보인다.

5. 상장된 거래소

131. TenX (0.04%)

#	Source	Pair	Volume (24h)	Price	Volume (%)
1	Huobi	PAY/ETH	$1,651,530	$0.925147	40.01%
2	Huobi	PAY/BTC	$1,623,110	$0.928594	39.33%
3	Bittrex	PAY/BTC	$259,289	$0.926279	6.28%
4	ChaoEX	PAY/ETH	$135,534	$0.923785	3.28%
5	Upbit	PAY/BTC	$134,606	$0.937246	3.26%
6	LATOKEN	PAY/ETH	$83,051	$0.918382	2.01%
7	Liqui	PAY/BTC	$32,847	$0.927917	0.80%
8	Liqui	PAY/USDT	$32,152	$0.926089	0.78%
9	Vebitcoin	PAY/TRY	$31,248	$1.01	0.76%
10	Liqui	PAY/ETH	$31,004	$0.922195	0.75%
		View More			
Total/Avg			**$4,127,348**	**$0.927482**	

〈코인마켓캡 기준 상위 10개 상장 거래소〉

6. 홈페이지 정보

공식 사이트 : https://www.tenx.tech/
블로그 : https://blog.tenx.tech/
트위터 : https://twitter.com/tenxwallet
백서 : https://www.tenx.tech/whitepaper/tenx_whitepaper_final.pdf

7. 소재지 및 연락처

소재지 : 8 Eu Tong Sen Street #24-89, 90 The Central, Singapore 059818
연락처 : support@tenx.zendesk.com

PART 3

C O I N

베이직 어텐션 토큰

Basic Attention Token

Blockchain Based Digital Advertising.

Decentralized and
Transparent Digital AD.

베이직 어텐션 토큰(Basic Attention Token)은 현재
의 웹 환경과 디지털 광고 시장의 문제점을 개선하고 디지
털 광고와 관련된 수입과 지출이 모두 BAT 플랫폼 안에
서 이뤄질 수 있게 통합하는 플랫폼

1. 기본 정보

- 화폐 표기 : BAT

- 발행일 : 2017년 5월

- 발행량 : 1,000,000,000 BAT / 1,500,000,000 BAT

- 증명 방식 : ERC-20 Ethereum Token

- 채굴 가능 여부 : 불가

- 시가총액 : 3,176억원

- 가격 : 318원 (2018.04.18기준)

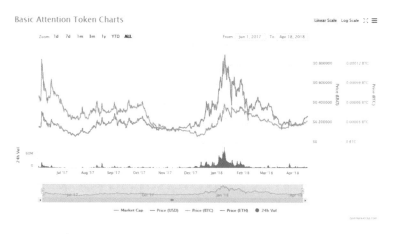

〈2018.04 기준 코인마켓캡 베이직어텐션토큰 가격, 거래량 차트〉

2. 개발자

Brendan Eich(브랜든 아이크) / Brian Bondy(브라이언 본디)

Brendan Eich
Founder
Basic Attention Token

Brian Bondy
Co-Founder
Basic Attention Token

브랜든 아이크(Brendan Eich)는 프로그래밍 언어인 자바스크립트를 만든 사람으로, 모질라(Mozilla)사에서 CTO를 맡기도 했으며 현재 브레이브 소프트웨어의 공동 창립자이다.

브라이언 본디(Brian Bondy) 역시 모질라(Mozilla)사에서 파이어폭스(Firefox)의 시니어 소프트웨어 엔지니어로 일한 적이 있으며 비전웍스 솔루션(VisionWorks Solutions)을 만들기도 했다. 현재 브레이브 소프트웨어를 공동 창립해서 일하고 있다.

3. 기능 및 특징

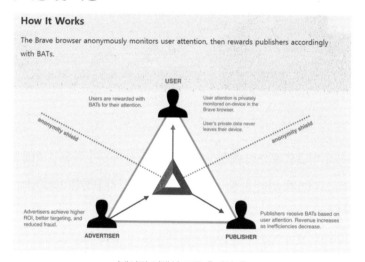

〈베이직 어텐션 토큰 홈페이지〉

베이직 어텐션 토큰의 어텐션(attention)이라는 단어는 '주목'이라는 뜻으로, 사람들의 관심과 주목을 받아야 살아남을 수 있는 디지털 광고 시장에서 소비자들이 광고에 대해 주목을 제공한 대가로 BAT라는 보상을 주자는 아이디어가 탄생하게 되었다.

Save hours each year.

Brave's speed saves the average user hours of time each year. Brave even tracks the time you save. Users typically save about 5 seconds of load time per page on a typical cell connection by not downloading ads and trackers. Desktop users see similar savings.

〈브레이브 브라우저〉

베이직 어텐션 토큰이 작동되는 플랫폼은 블록체인 기술을 이용해 웹 사이트 트래커와 인터넷 광고를 차단하는 웹 브라우저인 브레이브 브라 우저이다.

브레이브 브라우저는 광고와 트래커들을 차단해 인터넷 이용을 빠르 고 안전하게 할 수 있도록 하는 컨셉으로, 기존에 있던 광고를 차단하는 프로그램들이 광고와 트래커들을 완벽히 차단하지는 못하는 점과, 서로 다른 프로그램들끼리 충돌하는 경우가 많았던 점을 개선했다.

광고와 트래커들을 차단함으로써 PC가 멀웨어나 랜섬웨어, 스파이웨 어 같은 악성 코드에 감염되는 것을 막고 HTTPS 업그레이드를 제공해 사용자들의 인터넷 이용 기록과 신원 정보 등에 대한 보안을 강화한 것이 특징이다.

브레이브 브라우저뿐만 아니라 향후 인터넷 익스플로러, 크롬, 사파리 같은 기존 브라우저들에서도 베이직 토큰이 사용될 수 있게 하는 방안을 검토하는 중이라고 한다.

베이직 어텐션 토큰과 브레이브 브라우저 모두 자바 스크립트와 모질라 재단, 파이어 폭스를 만든 브랜든 아이크가 주축이 되어 만들었다.

개발진들을 보면 국제 인터넷 표준화 기구(IETF)의 마샬 로즈, 칸 아카데미에 기여한 브라이언 본디, 야후와 토르 프로젝트에서 일한 얀 주, 커프(kerf) 소프트웨어를 만든 스코트 로클린, eBeam과 Luidia를 만든 브래들리 릭터, 월스트리트 저널의 부편집장을 했던 브라이언 브라운 등 탄탄한 이력을 가지고 있다는 것을 알 수 있다.

〈베이직 어텐션 토큰 팀〉

디지털 광고 시장에서 중개자(Middle man)가 점점 비대해지고 있는데, 이러한 현상이 가져오는 문제점은 광고주와 크리에이터, 퍼블리셔들 모두 중개자에게 많은 비용을 지불하면서도 광고가 얼마나 효과가 있는지, 수익은 어떻게 책정되는지 정확히 확인할 방법이 없다는 것이다.

또한 인터넷 사용자들은 컨텐츠를 보는 대가로 광고를 봐야 하며, 원치 않는 광고를 차단하기 위해 추가적인 노력을 해야 한다.

웹 환경은 광고와 트래커들로 인해 사용자들의 PC에 악성코드가 깔리기도 하며 브라우징 속도가 느려지기도 한다.

베이직 어텐션 토큰은 이러한 웹 상황과 디지털 광고 시장 상황을 개선하는 것을 목표로 하며 그 대안으로 BAT 플랫폼을 제안한다. BAT 플랫폼이 작동하는 방식은 먼저 광고주들이 광고료로 BAT를 준비하고, 크리에이터와 퍼블리셔들은 인터넷 사용자가 광고를 볼 때마다 BAT를 받는다. 사용자도 광고를 본 대가로 BAT를 받고 원할 경우 광고를 완전히 차단하는 것도 가능하다. 이때 광고 매칭 시스템은 머신 러닝을 기반으로 구동되기 때문에 중개자가 필요 없게 된다.

4. 비전 및 전망

베이직 어텐션 토큰은 ICO 당시 목표 금액인 390억 원을 24초 만에 모금하며 주목을 받았다.

2017년 11월에는 유튜브와 협약을 체결해 크리에이터들이 자신의 컨텐츠에 대해 BAT를 지급받을 수 있고, 브레이브 브라우저 이용자들이 광고 없이 유튜브를 이용할 수 있게 했다.

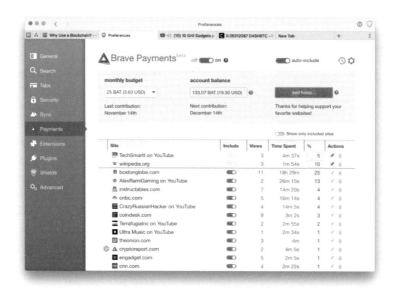

Brave Payments Log-In Screen

〈브레이브 페이먼트〉

2017년 12월에는 게임 전용 인터넷 개인 방송 서비스인 트위치(twitch)
와도 제휴해 트위치 스트리머들이 브레이브 브라우저를 이용해 수익을
얻을 수 있도록 했다.

베이직 어텐션 토큰은 디지털 광고 시장에 바로 적용 가능한 현실적인
로드맵과 탄탄한 기술적 지원을 배경으로 앞으로도 관련 업체들과 협력
해 나갈 것으로 보이며 성장 가능성이 안정적일 것이라 점쳐진다.

5. 상장된 거래소

118. Basic Attention Token (0.04%)

#	Source	Pair	Volume (24h)	Price	Volume (%)
1	Huobi	BAT/ETH	$1,386,790	$0.213476	27.96%
2	Huobi	BAT/BTC	$1,324,840	$0.212864	26.71%
3	Binance	BAT/BTC	$762,493	$0.214179	15.37%
4	Binance	BAT/ETH	$290,357	$0.212978	5.85%
5	Ethfinex	BAT/ETH	$205,669	$0.211400	4.15%
6	Bittrex	BAT/BTC	$198,636	$0.213090	4.00%
7	ChaoEX	BAT/ETH	$189,793	$0.223379	3.83%
8	Ethfinex	BAT/USD	$108,475	$0.214300	2.19%
9	Gate.io	BAT/USDT	$105,859	$0.211325	2.13%
10	Liqui	BAT/ETH	$70,104	$0.213193	1.41%
		View More			
Total/Avg			**$4,960,232**	**$0.213648**	

〈코인마켓캡 기준 상위 10개 상장 거래소〉

6. 홈페이지 정보

공식 홈페이지 : https://basicattentiontoken.org/
백서 : https://basicattentiontoken.org/BasicAttentionTokenWhitePaper-4.
pdf
페이스북 : https://ko-kr.facebook.com/BasicAttentionToken/
트위터 : https://twitter.com/@attentiontoken

7. 소재지 및 연락처

주소 : San Francisco, United States of America
연락처 : https://ripple.com/kr/contact/#sales

바이트코인

Bytecoin

The First Private Untraceable Cryptocurrency

Instant and Private Payment

바이트코인(Bytecoin)은 크립토노트 기술을
최초로 사용한 코인으로 비트코인의 이러한 부분을
보완해 익명성 강화에 초점을 둔 플랫폼

1. 기본 정보

- 화폐 표기 : BCN

- 발행일 : 2012년 6월

- 발행량 : 183,844,523,190 / 184,470,000,000 BCN

- 증명 방식 : PoW(Proof of Work)

- 채굴 가능 여부 : 가능

- 시가총액 : 8,654억원

- 가격 : 5원(2018.04.18기준)

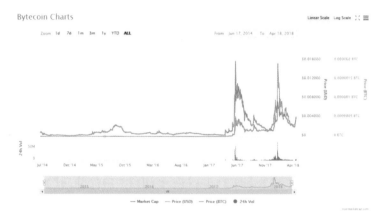

〈2018. 04 기준 코인마켓캡 바이트코인 가격, 거래량 차트〉

2. 개발자

바이트코인 팀

Bytecoin faces

Bytecoin is an open-sourced decentralized cryptocurrency with untraceable payments that was started in 2012. Join us to be a contributor of a worldwide network system that predicts the future.

Afdi
Active User

Alexandre
Crypto Enthusiast,
lebytecoin.fr Owner

Daniel
Developer

David Inostroza
Financial Advisor

3. 기능 및 특징

바이트코인의 블록처리 시간은 120초(2분)이다. 2012년 바이트코인 출시 당시에는 비트코인의 10분보다 5배가 빠르고 GPU나 AISC 방식을 사용하는 비트코인과 달리 CPU 방식을 제공하여 채굴을 쉽게 했다는 특징이 있다.

또한 바이트코인은 모네로나 대시처럼 추적이 불가능한 코인이다.

따라서 자신의 거래내역과 자산 정보를 보호하고 싶은 사용자라면 바이트코인을 통해 개인의 데이터를 안전하게 보관할 수 있다. 거래내역뿐만 아니라 사용자가 원할 경우 바이트코인의 블록체인에 자신의 개인 정보를 저장하고 사용할 수 있는 기능까지 더해진다.

바이트코인은 개인뿐 아니라 사업용, 투자자용 등 사용자 별로 맞춤화된 솔루션을 제공하고 있기도 하다.

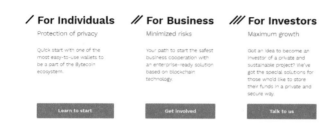

〈바이트코인의 타깃〉

링 시그니처(ring signature)

추적이 불가능하게 만들어주는 크립토노트의 기술의 핵심에는 링 시

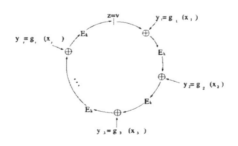

〈바이트코인의 타깃〉

그니처 방식이 있다. 보내는 사람이 누구인지 알 수 없도록 숨기는 암호화 방식이다.

4. 비전과 전망

바이트코인은 2012년 출시된 역사가 오래된 코인으로 출시 당시에는 비트코인과의 차별점으로 인해 기대감이 형성되어 시가총액 상위권에 랭크되었지만, 현재는 바이트코인보다 더 나은 기술을 제공하는 코인들이 많이 등장하고 그에 따라 바이트코인의 순위도 많이 떨어진 상태다.

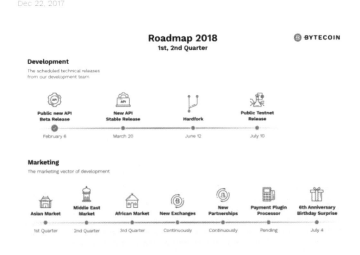

〈바이트코인 로드맵〉

그러나 익명성을 강조하는 코인들의 생태계가 서로 연결되는 미래가 오고, 또한 지금처럼 쉽고 간편한 결제 시스템이라는 기본 골조가 잘 유지되면서 개발과 마케팅이 진행된다면 앞으로의 추이도 기대되는 코인이다.

5. 상장된 거래소

360. Bytecoin (0.00%)

#	Source	Pair	Volume (24h)	Price	Volume (%)
1	HitBTC	BCN/BTC	$227,163	$0.002177	66.28%
2	Poloniex	BCN/BTC	$93,404	$0.002136	27.25%
3	HitBTC	BCN/ETH	$8,182	$0.002173	2.39%
4	Vebitcoin	BCN/TRY	$5,459	$0.004939	1.59%
5	Poloniex	BCN/XMR	$4,701	$0.002218	1.37%
6	HitBTC	BCN/USDT	$3,737	$0.002250	1.09%
7	Stocks.Exchange	BCN/BTC	$81	$0.002136	0.02%
8	Crex24	BCN/BTC	$17	$0.002136	0.01%
9	cfinex	BCN/BTC	$2	$0.002208	0.00%
10	Stocks Exchange	BCN/ETH	$?	$0.002665	0.00%
	Total/Avg		**$342,747**	**$0.002211**	

〈코인마켓캡 기준 상위 10개 상장 거래소〉

6. 홈페이지 정보

공식 홈페이지 : https://bytecoin.org/
백서 : https://bytecoin.org/about/technical−documentation
페이스북 : https://www.facebook.com/bytecoin.bcn/
트위터 : https://twitter.com/Bytecoin_BCN

7. 소재지 및 연락처

소재지 : Guatemala
연락처 : support@bytecoin.org

스텔라루멘

Stellar Lumens

Open Source Financial Access for All
Money without Large Fees or Hassle.

스텔라루멘(Stellar lumens)은 리플에서
하드포크되어 개발된 암호화폐로,
개인 간의 거래를 돕는 플랫폼

1. 기본 정보

- 화폐 표기 : XLM
- 발행 방식 : Stellar Consensus Protocol
- 발행일 : 2014년 7월
- 총 발행량 : 18,568,746,504 / 103,867,241,052 XLM
- 시가총액 : 6조 5,531억원
- 가격 : 353원 (2018.04.18기준)

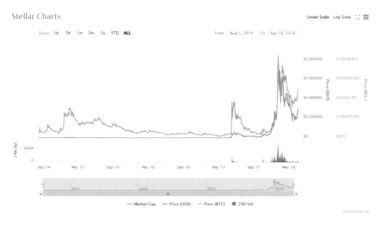

〈2018. 04 기준 코인마켓캡 스텔라루멘 가격, 거래량 차트〉

2. 개발자

Jed McCaleb · 3촌
Cofounder and CTO of Stellar Development Foundation
Stellar Development Foundation
샌프란시스코 베이 지역 · 500+명

Jed McCaleb (제드 맥케일렙) _ United States of America

스텔라를 만든 제드 맥 케일랩(Jed McCaleb)은 리플 초창기 멤버 중 하나로, 2013년 리플을 떠나 2014년 스텔라를 개발한다. 제드 맥 케일랩은 파일 공유회사인 eDongkey와 암호화폐 거래소인 마운트 곡스(Mt. gox)를 만든 사람이기도 하다

3. 기능 및 특징

〈스텔라 홈페이지〉

스텔라는 다양한 화폐 간의 거래를 가능하게 하는 오픈소스 프로토콜이고, 루멘스는 스텔라 플랫폼에서 사용되는 암호화폐로 XLM으로 표기된다.

〈스텔라의 비전〉

스텔라는 또한 작업증명방식(PoW), 지분증명방식(PoS)이 아닌 또 다른 합의 매커니즘인 SCP(stellar consensus protocol)를 개발하였다. SCP는 참여자들이 자신이 누구를 신뢰할지 직접 선택하고 이렇게 형성된 신뢰 망을 통해 투표를 해서 합의에 도달하는 방식이다.

리플은 전용 투표시스템으로 합의를 할 때 선택 받은 일부만이 참여할 수 있다면 스텔라는 쿼럼 배치(Quorum Configuration)를 다운받은 모두가 합의 구조에 참여할 수 있다는 것이 차이점이다. 하지만 리플과 스텔라 모두 합의 과정에 참여하는 사람들을 위한 금전적인 인센티브는 존재하지 않는다.

스텔라 시스템을 이용하면 거래자의 자산을 스텔라 플랫폼의 화폐인 스텔라루멘으로 바꿀 필요 없이 기존 법정 화폐나 다른 암호화폐 등으로 바로 전송할 수 있다.

거래가 완료되는 데 걸리는 시간이 2~5초로 리플과 같이 빠른 속도가 특징이며, 블록체인 기술을 활용해 소액거래 시에도 비용과 시간을 줄여주는 것을 목적으로 한다.

4. 비전과 전망

현재 외화를 송금하고 받을 때 국제결제시스템 망의 구조에 따라 비용과 시간이 소모되며 서버 보안을 위해 금융기관들이 지출하고 있는 비용도 막대한 상황이다.

이러한 상황에서 리플과 스텔라는 방향성은 다르지만 실시간 총액결제 시스템의 도입이라는 공통점을 가지고 그 성장성을 동시에 인정받고 있다.

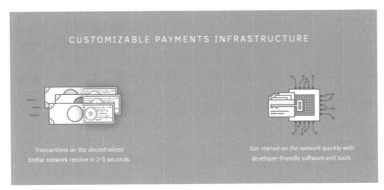

〈스텔라의 맞춤형 결제 시스템〉

스텔라 결제 네트워크 플랫폼을 활성화시키기 위해서는 각국 정부와 주요 은행들과의 합의가 필요하다.

IBM과 블록체인 뱅킹 파트너십을 맺으면서 지불 인프라 구축 상용화에 대한 기대감으로 가격이 급등하기도 했으며, 2017년에는 나이지리아부터 시작한 아프리카 간의 은행 거래 프로젝트에 초점을 맞추기도 했다.

아프리카 대륙에 위치한 국가들 중 정치불안이나 초인플레이션 같은 이유로 인해 화폐의 안정성이 떨어지는 국가들에서는 비트코인을 비롯한 암호화폐가 상대적으로 안전자산으로 분류되기도 하는데, 그래서 짐바브웨나 남아프리카공회국, 니이지리아 같은 국가들에서는 비트코인 프리미엄이 10%에서 최대 40%까지 붙기도 한다.

은행 시스템이 구축되지 않은 개발도상국을 집중적으로 공략하고 있는 스텔라의 행보가 주목되는 상황이다.

5. 상장된 거래소

36. Stellar (0.23%)

#	Source	Pair	Volume (24h)	Price	Volume (%)
1	Binance	XLM/BTC	$9,774,120	$0.210223	41.75%
2	Upbit	XLM/KRW	$2,688,510	$0.210967	11.48%
3	Bittrex	XLM/BTC	$1,367,470	$0.209796	5.84%
4	GOPAX	XLM/KRW	$1,342,170	$0.211900	5.73%
5	Poloniex	STR/BTC	$1,283,530	$0.210081	5.48%
6	Binance	XLM/ETH	$1,080,310	$0.209756	4.61%
7	Poloniex	STR/USDT	$850,688	$0.210375	3.63%
8	Upbit	XLM/BTC	$823,669	$0.209155	3.52%
9	Kraken	XLM/BTC	$762,102	$0.209369	3.26%
10	Kraken	XLM/EUR	$542,932	$0.208662	2.32%
		View More			
Total/Avg			**$23,408,935**	**$0.210259**	

〈코인마켓캡 기준 상위 10개 상장 거래소〉

6. 홈페이지 정보

공식 홈페이지 : https://www.stellar.org/
백서 : https://www.stellar.org/papers/stellar-consensus-protocol.pdf
페이스북 : https://www.facebook.com/stellarfoundation/
트위터 : https://twitter.com/stellarorg

7. 소재지 및 연락처

소재지 : San Francisco, California, United States
연락처 : hello@stellar.org

이오스

EOS

Next Era of Blockchain Platform
Lowering the Barrier to Entry

이오스는 이더리움과 달리 DPos를 이용해
효율성을 추구한 탈중앙화 어플리케이션을
만들 수 있는 차세대 플랫폼

1. 기본 정보

- 화폐 표기 : EOS

- 발행일 : 2017년 6월

- 발행량 : 800,890,306 / 1,000,000,000 EOS

- 발행 방식 : DPoS(Delegated Proof of Stake)

- 채굴 가능 여부 : 불가

- 시가총액 : 7조 8,121억원

- 가격 : 9,757원 (2018.04.18기준)

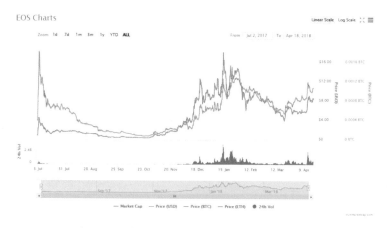

〈2018. 04 기준 코인마켓캡 이오스 가격, 거래량 차트〉

2. 개발자

Brendan Blumer • 3촌
CEO at Block.one
Block.one

Brendan Blumer(브랜든 블루머)
_ Cayman Islands

3. 기능 및 특징

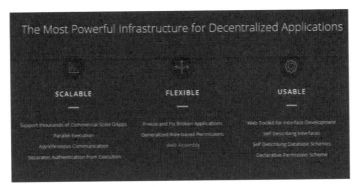

〈이오스의 특장점〉

이오스 기반의 dApp은 DPoS(Delegated Proof of Stake) 방식을 채택해 초당 수백만 건의 트랜잭션이 가능해진다. 이는 이더리움에서는 불가능했던 일로, 위임지분 증명방식을 사용하면 합의를 할 때 전체 네트워크 대신 일부 대표 노드들만 합의 과정에 참여하기 때문에 비트코인이나 이더리움에서처럼 네트워크에 과부하가 걸리는 현상을 해결할 수 있게 된다.

DPoS 방식은 댄 라리머의 스팀과 비트쉐어에서 이미 뛰어난 트랜잭션 처리속도를 보여주며 그 강점을 인정받았다.

이오스를 개발한 곳은 블록원(Block.one)이라는 회사다. CEO인 브렌든 블루머(Brendan Blumer)와 대니얼 라리머(Daniel Larimer)가 이끄는 회사로, 댄 라리머는 비트쉐어와 스팀으로도 유명한 사람이다.

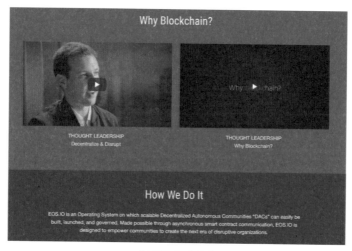

〈블록원 홈페이지〉

Decentralize Everything

block.one designs free market systems to secure life, liberty, and property by publishing
open source software that is free for everyone to use.

〈블록원 로고〉

　　댄 라리머는 이오스와 관련해 이더리움을 개발한 비탈릭 부테린이나 에이다의 개발자 찰스 호스킨스와도 논쟁을 벌이는 등 기존의 블록체인 강자들과 기술력으로 맞서는 모습을 보여주며 이슈를 생산해내고 있다.

현재 유통되고 있는 이오스는 이더리움 기반의 ERC20 토큰으로 메인
넷 런칭을 앞두고 있다. 2017년 6월부터 2018년 6월까지 오랜 기간 동안
ICO를 진행하는 방식이 특이하다.

〈이오스 토큰 현황〉

세계 최초로 암호화폐 신용평가를 시도한 와이즈레이팅사의 평가에서
이더리움과 함께 B등급을 받으며 공동 1위를 하기도 했다.

4. 비전과 전망

이더리움 기반의 dApp들은 수수료를 사용자가 지불하고, 이오스 기
반의 dApp들은 수수료를 개발자가 지불하는 특징이 있다.

따라서 카카오톡 같은 메신저, 블로그, 검색엔진 등 현재 인터넷 사용
자들이 무료로 사용하고 있는 서비스들은 이더리움 기반으로는 대체하
기가 어렵기 때문에 수수료 무료를 내세우는 이오스의 성장 기반이 될
수 있을 것으로 보인다.

2018년 2월에는 이오스 기반 탈중앙화 거래소인 EOSFINEX의 개발 계획이 발표되었다.

〈이오스피넥스〉

이외에도 이오스 토큰 간의 P2P 교환을 가능하게 하는 친타이, 이오스 기반 의료정보 블록체인인 아이료, 역시 이오스 기반의 신원확인용 블록체인인 스캐터, 탈중앙화된 위키피디아인 에브리피디아 등, 이오스를 기반으로 한 dApp들이 개발되고 있어서 이오스 생태계의 성장을 지켜봐야 할 것으로 보인다.

〈에브리피디아〉

5. 상장된 거래소

7. <u>EOS</u> (1.85%)

#	Source	Pair	Volume (24h)	Price	Volume (%)
1	Bithumb	EOS/KRW	$29,571,400	$6.08	15.71%
2	Binance	EOS/BTC	$22,609,600	$6.02	12.01%
3	Huobi	EOS/USDT	$16,590,200	$6.02	8.82%
4	OKEx	EOS/USDT	$16,028,900	$6.01	8.52%
5	Bitfinex	EOS/USD	$13,283,400	$6.00	7.06%
6	Bit-Z	EOS/BTC	$11,499,900	$6.01	6.11%
7	Upbit	EOS/KRW	$11,257,400	$6.08	5.98%
8	Binance	EOS/ETH	$11,037,600	$6.00	5.86%
9	OKEx	EOS/BTC	$9,373,910	$6.02	4.98%
10	Huobi	EOS/ETH	$5,895,880	$5.99	3.13%
		View More			
Total/Avg			**$188,195,958**	**$6.03**	

〈코인마켓캡 기준 상위 10개 상장 거래소〉

6. 홈페이지 정보

공식 홈페이지 : https://eos.io/
백서 : https://github.com/EOSIO/Documentation/blob/master/ko-
KR/TechnicalWhitePaper.md
페이스북 : https://ko-kr.facebook.com/eosblockchain/
트위터 : https://twitter.com/eos_io

7. 소재지 및 연락처

소재지 : Cayman Island
연락처 : social@block.one

카르다노
CARDANO

Leads the Third Generation Blockchain
Change the Way
Cryptocurrencies are
Designed and Developed

2015년에 개발을 시작한 에이다(Cardano ADA)는
하스켈 프로그래밍 언어로 구축된 최초의 블록체인
위에서 쓰이는 3세대 암호화폐 플랫폼

1. 기본 정보

- 화폐 표기 : ADA

- 발행일 : 2017년 10월 1일

- 발행량 : 25,927,070,538 / 45,000,000,000 ADA

- 증명 방식 : PoS(Proof of Stake)

- 채굴 가능 여부 : 불가

- 시가총액 : 7조 2,910억원

- 가격 : 282원 (2018.04.18기준)

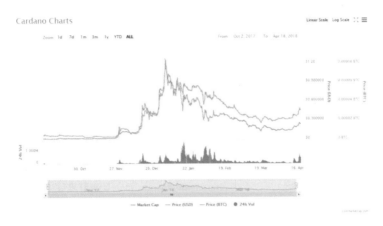

〈2018. 04 기준 코인마켓캡 카르다노 가격, 거래량 차트〉

2. 개발자

Charles Hoskinson · 2촌
Chief Executive Officer at Input Output HK
Input Output · University of Colorado Boulder
Broomfield, Colorado · 500+명 🔏

Charles Hoskinson(찰스 호스킨스) _ United States of America

에이다를 대표하는 인물은 찰스 호스킨슨(Charles Hoskinson)으로 28세의 나이로 비트코인 개발진, 비트쉐어 창시자, 이더리움 전 CEO 등을 역임하며 암호화폐 업계에서 가장 주목을 받는 인물 중 한 명이다.

찰스 호스킨슨은 2015년에 홍콩을 거점으로 하는 암호화 기술을 전문으로 개발하는 IOHK(Input Output Hong Kong)를 제레미 우드와 함께 설립하여 카르다노 플랫폼과 에이다의 개발을 시작했다.

3. 기능 및 특징

에이다(ADA)라는 이름은 최초의 프로그래머인 9세기 영국 귀족 에이다 러브레이스에서 따온 것으로, 카르다노 플랫폼의 기본 화폐 단위이다.

Project Stakeholders

Cardano is a collective project, made up of three institutions that have separate roles, all contributing to the project's success.

The Cardano Foundation's mission is to "standardise, protect and promote" the Cardano technology

IOHK is a world class blockchain engineering company responsible for building the Cardano blockchain.

Emurgo is responsible for fostering commercial applications being built upon the Cardano ecosystem.

〈카르다노 프로젝트〉

카르다노 플랫폼은 모바일 중심으로 설계되어 모바일 기기의 위치정보와 연계된 위치정보 통합 ID 관리 시스템을 통해 ID를 블록체인에 보관함으로써 외부의 공격에 방어가 가능한 안전한 플랫폼을 구축하는 것을 목표로 한다.

〈개발자의 TED 연설〉

모바일 기기에 최적화된 카르다노 플랫폼을 사용한다면, 기존에 국가나 사회의 보호에서 벗어나 있던 사람들도 신분증을 대신할 수 있는 증명 수단을 소유하게 되어 은행 계좌 개설, 보험 가입, 부동산 매매 등 다양한 사회적 혜택을 누릴 수 있게 되고, 카르다노와 찰스 호스킨스는 이것이 평등한 사회로 나아가는 수단이 될 수 있다고 말한다.

상위 10개 코인(2017-12-13)	주요 사용 언어(Github 저장소 기준)
1 비트코인	C++, 파이썬
2 이더리움	GO, C++, 자바, 파이썬
3 비트코인 캐시(Bitcoin Cash_Bitcoin ABC)	C++
4 라이트코인(Litecoin)	C++
5 리플(Ripple)	C++
6 이오타(IOTA)	자바
7 대시(Dash)	C++
8 넴(NEM)	자바
9 모네로(Monero)	C++
10 비트코인골드(Bitcoin Gold)	C++

〈상위 10개 코인의 사용 언어 분석표〉

카르다노는 또한 안전성이 입증된 우로보로스(Ouroboros) 프로토콜을 채택하고 향후 양자컴퓨터가 등장하더라도 해킹에 안전할 수 있는 언어인 하스켈(Haskel) 언어로 구축되었다.

하드포크를 진행하지 않고 소프트포크를 통해 합의함으로써 민주적인 변화를 추구하고 있기도 하다.

4. 비전 및 전망

〈카르다노에 대한 설명〉

에이다는 ICO를 일본에서 진행했기 때문에 일본의 보유량이 많아 '일본이 사랑하는 코인'으로 불리기도 한다.

일본 전역에 에이다를 인출할 수 있는 ATM기가 늘 것이라는 소식으로 가격 형성 기대감이 높아지기도 했다.

〈ADA ATM 기기〉

카르다노는 기존의 금융 시스템과 블록체인, 암호화폐 기술을 합쳐서 그 기술적인 혜택을 더 많은 사람들이 누릴 수 있도록 하는 것이 목표인 프로젝트로, 이 부분에서는 각국 정부와의 협력이 필요하다.

따라서 앞으로 카르다노 플랫폼이 얼마나 로드맵 대로 기존의 시스템들과 협력할 수 있을지가 그 성패를 가르는 요소가 될 것으로 보인다.

5. 상장된 거래소

17. Cardano (0.76%)

#	Source	Pair	Volume (24h)	Price	Volume (%)
1	Upbit	ADA/KRW	$37,378,400	$0.162426	48.48%
2	Binance	ADA/BTC	$20,344,500	$0.161442	26.39%
3	Bittrex	ADA/BTC	$6,657,050	$0.161015	8.63%
4	Upbit	ADA/BTC	$4,547,260	$0.161015	5.90%
5	Binance	ADA/ETH	$2,631,760	$0.161680	3.41%
6	Bittrex	ADA/USDT	$2,374,950	$0.162052	3.08%
7	Bitcoin Indonesia	ADA/IDR	$1,332,850	$0.161287	1.73%
8	Upbit	ADA/USDT	$708,413	$0.162139	0.92%
9	Gate.io	ADA/USDT	$365,488	$0.167198	0.47%
10	Bittrex	ADA/ETH	$254,342	$0.161590	0.33%
		View More			
Total/Avg			$77,095,998	$0.161919	

〈코인마켓캡 기준 상위 10개 상장 거래소〉

6. 홈페이지 정보

공식 홈페이지 : https://www.cardano.org/en/home/
백서 : https://whycardano.com/
페이스북 : https://www.facebook.com/groups/CardanoCommunity
트위터 : https://twitter.com/cardanocom

7. 소재지 및 연락처

소재지 : Cardano Stiftung, Gubelstrasse 11, 6300 Zug, Switzerland
연락처 : info@cardanofoundation.org

트론
TRON

Make Web Decentralized Again

ERC 20토큰. 탈중앙화
엔터테인먼트 컨텐츠 공유 플랫폼

1. 기본정보

- 화폐 표기 : TRONIX / TRX
- 최초 발행 : 2017년 08월
- 발행량 : 65,748,111,645 TRX / 100,000,000,000 TRX
- 증명 방식 : DPoS(Delegate Proof of stake)
- 채굴 가능 여부 : 불가능
- 시가총액 : 3조 1,902억원
- 코인 가격 : 49원 (2018.04.18기준)

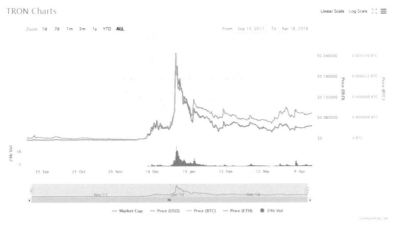

〈2018. 04 기준 코인마켓캡 가격, 거래량 차트〉

2. 개발자

Justin sun(저스틴 선) _ China
Peiwo APP 창업자
2015, 2017 포브스 차이나 30 under 30(중국 내 각 분야
별 30세 이하의 30명을 뽑는 부문)
(전) 중국 리플의 수석 대표
알리바바 창업자인 마윈의 제자

3. 기능 및 특징

트론은 블록체인과 분산 스토리지 기술을 이용하여 전세계의 무료 컨텐츠 엔터테인먼트 시스템을 구축하는 것을 목표로 두는 블록체인 기반 분산 프로토콜이다.

트론의 특징으로는 4가지가 있다.

데이터 자유화

문자, 사진, 오디오, 비디오 등을 업로드하고 저장·배포할 수 있다.

콘텐츠 활성화

콘텐츠 제공과 확산을 통해 자산을 확보해 경제적으로 콘텐츠 생태계를 활성화 시킨다.

개인 ICO

개인이 ICO형태로 디지털 자산을 자유로이 배포할 수 있다. 때문에 다른 사람들은 디지털 자산을 구매하면 데이터 제공자는 지속적인 개발을 통해 혜택을 누릴 수 있다.

인프라

분산된 디지털 자산은 분리된 거래, 자발적 게임 예측 및 게임 시스템을 포함하는 완전한 세트를 구성하게 된다.

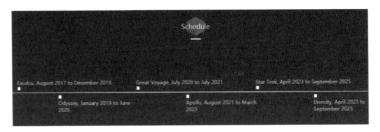

〈트론의 발전 6단계〉

1단계 Exudos(2017-2018) _ 데이터 해방

분산 저장 기술을 기반으로 사용자에게 데이터 게시, 저장 및 보급을 위한 완전히 자유롭고 신뢰할 수 있는 플랫폼을 제공한다.

2단계 Odyssey(2019-2020) _ 콘텐츠 권한 부여

개인은 경제적 수익을 위해 권장 받을 수 있고 컨텐츠에 따라 권한을 부여할 수 있으므로 시스템의 경계가 지속적으로 확장된다.

3단계 Great voyage(2020-2021) _ 개인 ICO

블록체인의 장점을 기반으로 소득 측정, 배당금 지급 및 서포터 관리와 같은 세가지 주요 문제를 해결하고 '팬 경제'에서 '팬 금융'으로의 중요한 전환을 달성할 예정이다.

4단계 Apollo(2021-2023) _ 개인을 위해 독점적으로 가치가 없는 중앙집중식 토큰 거래의 자유로운 이동

각 콘텐츠 제작자가 자신의 토큰을 발행할 수 있다는 목표를 달성하려면 시스템에 분산화되지 않은 거래를 위한 완벽한 솔루션이 있어야 한다. 분산화된 거래 플랫폼을 구축함으로써 시스템의 가치, 재산권 및 위험을 자유롭게 교환함으로써, 전체 시스템의 경제적 활력을 증가실킬 수 있다.

5단계 Star trek(2023-2025) _ 탈중앙화 및 시장 예측의 트래픽 수익 창출 게임

온라인 게임 플랫폼을 자유롭게 구축하여 완전히 자율적인 게임을 제공하고 시장기능을 예측하도록 한다.

6단계 Eternity(2025-2027) _ 트래픽 전환 – 분산된 게임

게임 플랫폼을 자유롭게 설정하고 게임 개발을 위한 군중 자금을 확보하며 일반 투자자가 게임에 투자할 수 있게 한다.

트론은 네오(NEO)와 함께 주목 받고 있는 중국 코인 중 하나로 Justin sun은 리플(Ripple)의 수석 개발자로도 일하기도 했다. 이미 중국의 자전거 쉐어링 업체인 오바이크(OBike)와 파트너십을 맺기도 했으며, 자전거 렌트 시에 사용하고 있다. (오바이크는 수원과도 협약을 맺고 서비스 중에 있다.)

4. 비전과 전망

트론은 현재 세계 1위 거래소에서 5백만의 유저들이 거래하는 유명한 코인 중 하나이다. 우리나라에서는 11월 말에 코인네스트에서 1~2원에 상장을 하여 1달만에 무려 300원대까지 갔었다. 급하게 오른 만큼 조정과 하락 장을 거치면서 40~60원대를 오르내리고 있다.

〈트론 상장 후 바이낸스 CEO 트위터〉

〈저스틴 선의 트위터〉

한때 트론의 스캠 논란이 있었지만 오픈 소스화에 노력하고 있으며,
Justin sun을 비롯, 마케팅에 심혈을 기울이는 점, 알리바바로부터 온

새로운 개발자들의 합류로 그 발전 가능성을 더 높게 보는 것 같다.

〈중국의 넥플릭스 Baofeng과의 파트너십〉

2018년 1월 10일에는 중국의 넥플릭스 Baofeng과 파트너십을 맺었다.
이로써 TRON의 엔터테인먼트 사업은 박차를 가할 수 있을 것 같다.

- **Jihan Wu** - Founder of Bitmain
- **Shuoji Zhou** - Initial Partner of FBG Capital
- **Gang Wu** - CEO of Bixin
- **Patrik** - Founder of Qtum
- **Hitters Xu** - Founder of Nebula and ICO 365
- **Binshen Tang** - Founder of Clash of Kings
- **Chaoyong wang** - Founder of China Equity Group
- **Feng li** - Investor and former board of director of ripple
- **Wei Dai** - Founder of OFO
- **Weixing Chen** - Founder of Kuaidi
- **Hai liu** - CEO and Co-Founder of Beico , partner of GSR ventures
- **Charles Xue** - Famous angel investor
- **Mingshan Yin** - Founder of Lifan Group
- **Linke Yang** - Founder of BTC China
- **Jiang Liu** - Founder of Trends Group
- **Lifen Wang** - Media Personality
- **Uncle** - Key opinion leader

〈중국이라는 초대형 시장과 투자자들〉

5. 상장된 거래소

13. TRON (0.75%)

#	Source	Pair	Volume (24h)	Price	Volume (%)
1	Binance	TRX/BTC	$59,235,500	$0.045331	30.38%
2	Huobi	TRX/ETH	$40,642,600	$0.045350	20.85%
3	Binance	TRX/ETH	$26,625,800	$0.045323	13.66%
4	Bit-Z	TRX/BTC	$17,799,900	$0.045221	9.13%
5	CoinEgg	TRX/BTC	$11,846,900	$0.045594	6.08%
6	Liqui	TRX/BTC	$8,805,680	$0.045111	4.52%
7	Coinnest	TRON/KRW	$8,627,080	$0.050165	4.43%
8	Liqui	TRX/ETH	$7,322,210	$0.045368	3.76%
9	Liqui	TRX/USDT	$5,418,530	$0.045164	2.78%
10	Huobi	TRX/BTC	$1,504,520	$0.045331	0.77%
		View More			
Total/Avg			**$194,959,493**	**$0.045548**	

〈코인마켓캡 기준 상위 10개 상장 거래소〉

6. 홈페이지 정보

트론 공식페이지 : https://tron.network/enindex.html
백서 : https://o836fhe91.qnssl.com/tron/whitebook/TronWhitepaper_
　　　en.pdf
페이스북 : https://www.facebook.com/tronfoundation/
공식 트위터 : https://twitter.com/Tronfoundation

7. 소재지 및 연락처

소재지 : San Francisco, California, United States
연락처 : service@tron.network

비체인
VeChain

Live for Collaboration

NFC 기능을 통해 농업, 주류, 명품 등의 물류, 재고
관리에 특화한 플랫폼

1. 기본 정보

- 화폐 표기 : VeChain / VEN

- 최초 발행 : 2017년 08월 22일

- 발행량 : 525,770,505 VEN / 873,378,637 VEN

- 증명 방식 : PoA(Proof of Authority)

- 채굴 가능 여부 : 불가능

- 시가총액 : 1조 9,798억원

- 코인 가격 : 3,766원 (2018.04.18기준)

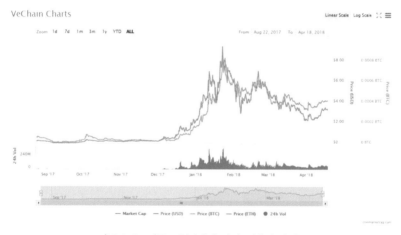

〈2018. 04 기준 코인마켓캡 가격. 거래량 차트〉

2. 개발자

Sunny Lu(서니 루) _ China

Sunny Lu는 Louis Vuitton China의 전 CIO였으며 VeChain 사업부인 BITSE의 공동 설립자이자 COO이며 LV, PWC 등과 사업 개발 및 파트너 관계를 맺고 있다. VeChain 재단(이하 재단)은 2017년 7월 싱가포르에서 설립된 비영리 단체다.

3. 기능 및 특징

〈비체인 홈페이지〉

비체인은 지난 2017년 8월 싱가폴 비체인 재단이 이더리움 블록 체인을 기반으로 하여 론칭한 코인으로, NFC 기능을 통해 농업, 주류, 명품 등의 물류, 재고 관리에 특화한 것이 특징이다.

오래전부터 중국이나 동남아시아의 짝퉁 위조품의 유통이 많았고 이 위조품의 기술력도 나날이 발전해 나가고 있다. 이 문제를 해결하기 위해 블록 체인 기술을 사용하여 진품인지 가품인지 판단할 수 있는 서비스를 제공하는 것을 비체인은 목표로 하고 있다. 더 나아가 식품안전, 자동차, 농업 및 기타 다양한 공급망 기반 산업과 같은 산업 분야에서도 유사한 프로세스를 사용하여 솔루션을 제공할 수 있는 프로젝트이다.

PRODUCTS

—

API Gateway Service
DIG (Shanghai Waigaoqiao Free Trade Zone Direct Imported Goods)

Third Party Services
PricewaterhouseCoopers

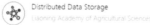

Distributed Data Storage
Liaoning Academy of Agricultural Sciences

〈명품, 주류, 농업과 같은 다양한 산업 분야에서 블록체인 솔루션을 성공적으로 구현〉

API와 NFC 연동 시스템

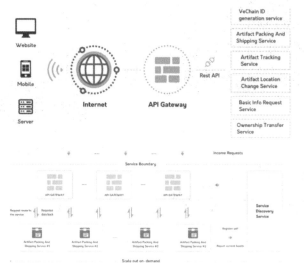

Figure 2.4.5-1 API Gateway-1

〈API와 NFC 연동 시스템〉

코인 개발진들은 API, NFC시스템을 상품에 연동시켜 정보를 블록체인에 저장시키고자 한다. 블록체인에 저장된 정보로 정보생산자를 정확하게 확인할 수 있게 된다. 기업이 필요한 정보를 블록체인에서 찾아서 구매를 하면 정보 이용료가 결국 정보생산자에게 돌아간다. 이렇게 되면 정보의 가격도 낮아지고 생산자도 이득을 볼 수 있게 된다.

4. 비전과 전망
정보교환에 사용될 비체인(VeChain/VEN)

정보생산자는 정보제공에 대한 합당한 대가를 받고 기업은 더 합리적인 가격에 정보를 구입할 수 있게 된다. 뿐만 아니라 물류산업에도 적극

〈비체인 솔루션〉

적으로 적용되어 전체적인 구조의 효율성을 높여준다. 여기에 반드시 필요한 것이 결제수단이다. 그 결제수단 역할을 비체인이 하게 된다. 비체인을 통해 블록체인상에서 결제를 할 수 있다.

현재 비체인은 르노자동차 공급망에 사용되고 있으며, 중국 최대 와인 수입 업체에서 비체인을 이용하여 품질을 보증하는 용도로 사용하고 있다. 주류의 경우 어떤 나라에서 어떤 품종의 원료로 만들어졌으며 이를 어떻게 보관했고 언제 유통되었는지 모든 생산·유통 과정 이력을 체계적으로 관리하여 소비자의 신뢰를 얻도록 도와주는 역할을 한다.

자동차의 경우 제조시점부터 보관, 소비자에게 인계되기까지 모든 정보가 관리되어 소비자로부터 신뢰를 얻게 해줄 수 있다는 장점이 있다. 그 외에도 명품에 적용이 된다면 이 역시 체계적으로 생산·유통 이력을 저장하여 이미테이션의 불법 유통을 방지하고 없애는 효과를 제공할 수 있다. 비체인은 그 외에도 금융 및 동남아시아 유통 체인망에도 협력을 체결하는 등 다각도로 협력사를 확장하고 있다.

최근에는 PWC와의 파트너십이 있었다. PWC는 세계 여러 나라에서 회계서비스를 제공하는 법인 회계 기업으로, 최근 Vechain과의 파트너십을 통해 PWC에서 제공하는 '감사 작업'의 투명성과, '정보 보안'의 철저함을 블록 체인을 통해 이루려는 시도를 하고 있다. 또한, 최근 중국 지방 자치단체와의 파트너십을 채결한 상태이다. 중국 '귀안' 지방정부가 구축하려는 스마트 시티의 일환으로 Vechain과의 파트너십을 체결하였는데, 한때 전자화폐 시장에 부정적인 중국정부가, 블록체인 기술을 도시 지방 전반에 걸쳐 접목한다는 소식에 상종가를 이루기도 했다.

비체인의 개발자들은 알려지지 않은 중국 개발자들이라는 점, 또한 불투명한 중국 정부의 개입이 있을 수도 있다는 점은, 투자를 망설이게 만드는 리스크로 작용한다. 또한 코인의 가격 형성 그리고 코인의 순환 체계는 상당 부분 명확한 제시가 필요한 상황이다. 또한 이미 배포된 수많은 VEN 토큰들의 가격 안정화는 어떻게 시킬지가 명확하지 않는 한 기업들이 해당 토큰들을 구매하고 이용할지는 불투명한 부분이다. 반면에, 기술 그 자체로만 놓고 본다면, 이미 상용화되어 있는 무선 단거리 기술과, RFID 기술이 접목되는 부분이기에 많은 투자가들이 생각하기에도 충분히 '가능성' 있는 플랫폼이지 않을까 하는 조심스러운 예측들이 있다.

5. 상장된 거래소

22. VeChain (0.44%)

#	Source	Pair	Volume (24h)	Price	Volume (%)
1	Binance	VEN/BTC	$36,498,800	$6.23	39.38%
2	Lbank	VEN/BTC	$32,698,100	$6.25	35.28%
3	Binance	VEN/ETH	$12,769,100	$6.22	13.78%
4	Huobi	VEN/BTC	$3,698,030	$6.19	3.99%
5	Huobi	VEN/ETH	$2,608,600	$6.18	2.81%
6	Huobi	VEN/USDT	$2,241,030	$6.18	2.42%
7	Binance	VEN/BNB	$1,014,900	$6.22	1.09%
8	Gate.io	VEN/USDT	$307,787	$6.32	0.33%
9	HitBTC	VEN/ETH	$164,863	$6.18	0.18%
10	HitBTC	VEN/USDT	$131,936	$6.43	0.14%
		View More			
Total/Avg			$92,689,064	$6.23	

〈코인마켓캡 기준 상위 10개 상장 거래소〉

6. 홈페이지 정보

공식 사이트 : https://www.vechain.com/#/
백서 : https://cdn.vechain.com/vechain_ico_ideas_of_development_
en.pdf
페이스북 : https://www.facebook.com/vechainfoundation
트위터 : https://twitter.com/vechainofficial

7. 소재지 및 연락처

소재지 : 7 Straits View, Marina One East Tower, #05-01, Singapore, 018936
연락처 : info@vechain.com   +65 (0) 9037 9543

퀀텀
QTUM

The Blockchain Made Ready
for Business

이더리움과 비트코인의 하이브리드 플랫폼

1. 기본 정보

- **화폐 표기** : QTUM

- **최초 발행** : 2017년 03월 16일

- **발행량** : 88,531,308 QTUM / 100,531,308 QTUM

- **발행 방식** : Pos 3.0(Proof of Stake)방식으로 전체 코인에 대한 많은 지분을 보유한 사람이 추가적으로 발행되는 코인에서 많은 분량을 가지게 된다.

- **채굴 가능 여부** : 불가능

- **시가총액** : 1조 6,693억원

- **코인 가격** : 1만 8,852원 (2018.04.18기준)

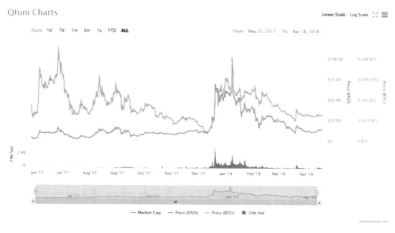

〈2018. 04 기준 코인마켓캡 가격, 거래량 차트〉

2. 개발자

Patrick Dai(패트릭 다이)

〈퀀텀 개발진〉

패트릭 다이(Patrick Dai)는 알리바바 알리페이 최고 분석담당자로 재직했다. 비트코인 채굴장을 운영하여 한때 전세계 채굴량의 5%를 차지하였고 현재 자문 및 대학 강의 등으로 활발하게 활동중이다. 싱가포르에 있는 퀀텀 재단은 중국을 중심으로 뻗어나가고 있다. 네일 마히(Neil Mahi)는 블록 체인 설계자로 있으며, 조단 얼스(Jordan Earls)는 리드 개발자이다.

3. 기능 및 특징

퀀텀은 비트코인의 UTXO(Unspent Transaction Output) 구조를 기초로 한 POS(Proof of Stake, 지분 증명) 방식의 스마트 컨트랙트 플랫폼이다. 즉, 비트코인과 이더리움의 장점을 모두 가지고 있으며, 비트코인 및 이더리움과 호환이 가능하다.

상호 운용성을 염두에 두고 설계된 퀀텀은 하이브리드 기술 최초로

POS 컨센서스 프로토콜과 결합하여 퀀텀 애플리케이션의 주요 블록체인 에코시스템과 호환될 수 있도록 하면서 모바일 장치 및 IoT 어플라이언스를 지원한다. 퀀텀은 다양한 분야와 기관이 블록체인과 쉽게 연계되도록 지원하며 내부 토큰을 생성하여 공급망 관리를 자동화한다.

1) 비트코인 UTXO 모델을 도입하여 높은 보안성과 결제 신속성 확보

2) 이더리움 가상머신 EVM으로 무한 응용 가능한 스마트 컨트랙트 구현

3) 서로 다른 블록 체인 기술 간의 호환성 극대화

4) 현실 세계와 블록 체인 세계를 연결하는 신개념 '마스터 컨트랙트'

5) 모바일 애플리케이션에 최적화된 인프라 제공

〈퀀텀 개발 로드맵〉

① X86 VM 구현

표준 라이브러리, 지원으로 언어를 포함한 많은 프로그래밍적 요소를 지원

② 더 좋은 성능을 가지는 새로운 GUI 지갑

GUI는 그래픽 사용자 인터페이스로 편하고 쉬운 사용이 가능하도록 지갑 지원

③ QRC20 지원, 일렉트럼 SPV 지갑과 웹 지갑

(QRC-20 토큰은 퀀텀 기반 토큰들로 퀀텀체인에서 호환 가능)

④ 새로운 익스플로러(퀀텀 블록 탐색기)

⑤ 미국 메이저 거래소 접촉

⑥ 50개 이상의 dAPP 지원(퀀텀 기반의 탈중앙화 어플리케이션)

⑦ 위성에 포함되는 퀀텀 노드 디버그, 위성노드 기반의 게임

(위성에 포함되는 퀀텀 노드의 잘못된 부분을 고치고, 이 기반의 게임을 출시)

⑧ 퀀텀을 기축통화로 지정하기 위해 더 많은 거래소와 접촉 중.

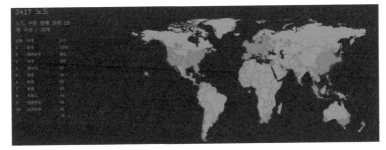

〈퀀텀의 노드 수〉

4. 비전과 전망

퀀텀은 중국에서 시작된 만큼 중국 내수 시장에서 유리한 위치를 가지고 있다. 중국 내 큰 회사에서도 퀀텀코인을 지원하고 있다고 하니 중국 시장에서는 어느 정도 시장을 확보한 거 같다. 현재는 가치가 계속 들쑥날쑥 하지만 앞으로도 퀀텀의 미래 가치가 있다고 판단을 하는 쪽이 우세하다. 때문에 퀀텀을 보유한 많은 분들이 팔지 않고 모두 때를 기다리고 있는 상황이다.

중국의 경우 한국에 비해 스마트폰 결제가 보다 보편화되어 있기에 DAPP을 이용한 위챗을 통해 결제 시스템을 더욱 간소화시켜 중국시장을 겨냥하겠다는 의지가 돋보인다.

메인넷이 이루어지면서 가격이 급상승하는 사례가 있었다. 네오 코인도 메인넷 이후에 약 6-7배 가까이 가격이 올랐다. 그렇기에 많은 사람들이 퀀텀(Qtum)도 비슷한 수순을 밟을 거라 예상하고 있다. 그러나 분명한 점은 메인넷이 출시된 후 가격의 변동성은 분명히 존재할 것이지만 그게 어떤 방향일지는 누구도 확신을 가지고 예상할 수 없다.

퀀텀 QTUM

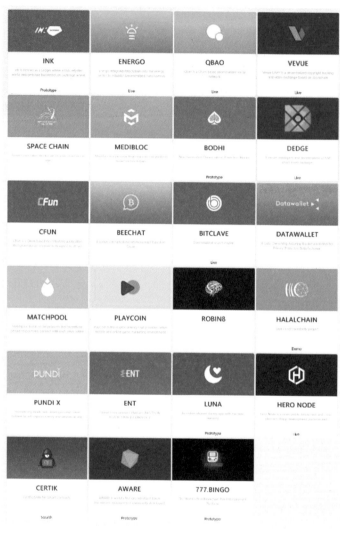

〈퀀텀의 Dapp〉

5. 상장된 거래소

13. Qtum (0.73%)

#	Source	Pair	Volume (24h)	Price	Volume (%)
1	Bithumb	QTUM/KRW	$32,003,000	$29.98	20.66%
2	Lbank	QTUM/BTC	$26,121,000	$27.26	16.87%
3	Upbit	QTUM/KRW	$22,574,300	$29.94	14.58%
4	EXX	INK/QTUM	$12,916,800	$28.08	8.34%
5	Coinone	QTUM/KRW	$7,125,180	$30.06	4.60%
6	CoinEgg	QTUM/BTC	$5,659,200	$27.86	3.65%
7	Lbank	INK/QTUM	$5,525,210	$29.63	3.57%
8	OKEx	QTUM/USDT	$4,688,700	$27.62	3.03%
9	OKEx	QTUM/BTC	$4,580,790	$27.50	2.96%
10	Allcoin	OC/QTUM	$4,129,240	$27.85	2.67%
		View More			
Total/Avg			$154,872,984	$28.85	

〈코인마켓캡 기준 상위 10개 상장 거래소〉

6. 홈페이지 정보

홈페이지 : https://qtum.org/

백서 : https://qtum.org/uploads/files/a2772efe4dc8ed1100319c64801
95fb1.pdf

페이스북 : https://www.facebook.com/QtumOfficial/

트위터 : https://twitter.com/qtumofficial

7. 소재지 및 연락처

소재지 : Singapore

연락처 : foundation@qtum.org

비트코인골드
BITCOINGOLD

MAKE BITCOIN
DECENTRALIZED AGAIN

빠른 블록생성 난이도 조절로 인해 GPU로
채굴이 가능하게 한 플랫폼

1. 기본 정보

- 화폐 표기 : BTG

- 최초 발행 : 2017년 10월 25일

- 발행량 : 16,950,111 BTG / 21,000,000 BTG

- 발행 방식 : PoW(Proof-of-Work)

- 채굴 가능 여부 : 가능

- 시가총액 : 1조 13억원

- 코인 가격 : 5만 9,076원 (2018.04.18기준)

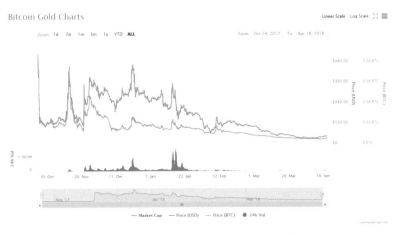

〈2018. 04 기준 코인마켓캡 가격, 거래량 차트〉

2. 개발자

Jack Liao(잭 리아오) _ China

비트코인골드 재단은 홍콩의 채굴업체인 '라이트닝 ASIC'의 CEO 잭 리아오(Jack Liao)가 최초로 설립했다. 익명의 리드 개발자 닉네임 'h4xrotab'가 개발팀을 이끌고 있으며 개발자 J.Alejandro Regojo와 Kuhne이 참여하고 있다.

3. 기능 및 특징

비트코인골드는 2017년 10월 24일 비트코인 하드포크로 새롭게 생성된 '알트코인'이다. 하드포크가 일어나기 직전 기존의 비트코인(BTC)을 491,407번 블록까지 보유하고 있던 사용자들은 비트코인과 동일한 양의 비트코인골드(BTG)를 추가로 획득하게 되었다.

〈비트코인 골드의 기능〉

이전 비트코인 캐시(BCH)와 같이 비트코인을 하드포크하여 기존 ASIC 채굴 구조를 타파하기 위해 GPU 채굴을 도입하는 비트코인골드(BTG)가 론칭되었다. PoW 알고리즘이 기존 비트코인의 SHA-256에서 Zcash가 사용하고 있는 채굴 알고리즘인 Equihash로 변경되었다. 비트코인골드는 그래픽 카드로도 채굴이 가능하며 일반 GPU로 채굴을 할 수 있어 비트코인골드는 많은 사람들에게 채굴의 기회가 주어진다.

Comparison BTC/BTG/BCH/B2X	BITCOIN BTC	BITCOIN GOLD BTG	BITCOIN CASH BCH	SEGWIT 2X B2X
Supply	21 Million	21 Million	21 Million	21 Million
PoW algorithm	SHA256	Equihash	SHA256	SHA256
Mining Hardware	ASIC	GPU	ASIC	ASIC
Block interval	10 Minutes	10 Minutes	10 Minutes	10 Minutes
Block size (actual)	1M (2-4M)	1M (2-4M)	8M (8M)	2M (4-8M)
Difficulty adjustment	2 Weeks	Every block	2 Weeks + EDA	2 Weeks
Segwit	✓	✓	⊖	✓
Replay protection	●	✓	✓	✓
Unique address format	●	✓	⊖	⊖

〈Bitcoin Gold 비교표〉

4. 비전과 전망

비트코인골드는 비트코인과 같은 총 2천1백만 개가 발행된다. 하드포크 기점으로 비트코인과 동일한 양이 유통됐으나 하드포크 이후, 채굴 알고리즘의 변화로 비트코인 발행량을 조금 앞서나가는 추세이다.

2017년 11월 21일부터 25일까지, 공식 비트코인골드 깃허브 저장소가 해킹을 당했다는 의혹이 있었고, 공식 웹사이트는 악성 지갑으로 전락하게 되었다. 비트코인골드 팀의 발표에 따르면, 악성 지갑은 악성 실재가 지갑이 공급한 새로운 비트코인골드 주소들을 보낸 펀드에 접근하는 것을 가능하게 했고, 그 결과 비트코인이 아무런 영향을 받지 않은 것은 물론, 기존의 개인 정보 보안 키들 또한 손상되지 않았다. 어떤 일이 발생했는지는 명확하지 않지만, 비트코인골드 팀은 최소한 80개의 비트코인골드가 도난당했다고 주장한다.

비트코인골드 2018 로드맵

하드웨어 지갑과 모바일 지갑을 업그레이드 하는 등 개발 분야를 비롯해 코인의 생태계, 커뮤니티, 기타 총 4가지 분야에서 중·단기적인 프로젝트를 시행할 예정이라고 밝혔다. 비트코인골드에 맞는 '일렉트럼 지갑(Electrum Wallet)'을 내놓을 계획이다.

2분기에는 비트코인골드에 라이트닝 네트워크(Lightning Network)를 구현하여 전송속도도 빨라지고 수수료도 저렴해질 전망이라고 한다.

또한 비트코인골드를 이용한 다양한 형태의 계약이나 탈중앙화 채굴 방식인 P2Pool을 지원한다는 계획도 눈여겨볼 만하다.

5. 상장된 거래소

34. Bitcoin Gold (0.18%)

#	Source	Pair	Volume (24h)	Price	Volume (%)
1	Bithumb	BTG/KRW	$18,620,200	$129.32	47.97%
2	Upbit	BTG/KRW	$3,601,120	$133.33	9.28%
3	Bitfinex	BTG/USD	$2,507,810	$122.24	6.46%
4	Bittrex	BTG/BTC	$2,016,170	$122.54	5.19%
5	Binance	BTG/BTC	$1,725,880	$121.87	4.45%
6	Bitfinex	BTG/BTC	$1,673,850	$121.69	4.31%
7	Exrates	BTG/BTC	$1,660,750	$129.12	4.28%
8	Exrates	BTG/USD	$1,448,030	$135.93	3.73%
9	Upbit	BTG/BTC	$914,541	$122.53	2.36%
10	HitBTC	BTG/USDT	$891,681	$127.27	2.30%
		View More			
Total/Avg			$38,818,873	$127.54	

〈코인마켓캡 기준 상위 10개 상장 거래소〉

6. 홈페이지 정보

홈페이지 : https://twitter.com/bitcoingold
페이스북 : https://www.facebook.com/bitcoingoldofficial/
트위터 : https://twitter.com/bitcoingold

7. 소재지 및 연락처

소재지 : 미확인
연락처 : support@bitcoingold.org

아이콘
ICON

Hyperconnect the World

AI 지원을 기반으로 탈중앙화 블록체인 네트워크를
목표로 개발 중인 디지털 코인 플랫폼

1. 기본 정보

- 화폐 표기 : ICX

- 최초 발행 : 2017년 10월 27일

- 발행량 : 387,231,358 / 400,228,750 ICX

- 증명 방식 : PoS(Proof of Stake)

- 채굴 가능 여부 : 불가능

- 시가총액 : 1조 2,405억원

- 코인 가격 : 3,207원 (2018.04.18기준)

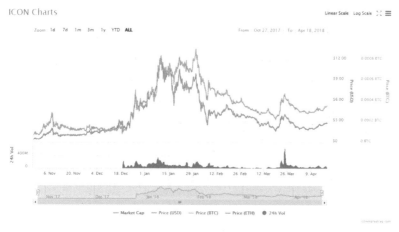

〈2018. 04 기준 코인마켓캡 가격, 거래량 차트〉

2. 개발자

KyoungJune Eee(이경준) _ Republic of Korea
CEO at DAYLI Intelligence
Nomad Connection 설립
어드바이저를 제외한 대부분의 개발, 운영팀은 한국인이다.

3. 기능 및 특징

아이콘은 2017년 10월 27일 론칭하여 총 발행량 4억 개, 데일리금융 그룹 계열사, 데일리인텔리전스 개발, 스마트 컨트랙트, LFT 알고리즘, Loopchain 기반, AI 지원을 기반으로 탈중앙화 블록체인 네트워크를 목표로 개발 중인 디지털 코인이다.

아이콘 코인은 한국판 이더리움으로, 이더리움 같은 탈중앙화 네트워크를 목표로 개발 중이며, 국내 은행, 증권, 보험, 병원, 대학, 상업 등 다양한 분야에서 블록체인 ID, 지불, 교환 등 탈중앙화 앱을 개발, 연결할 수 있다.

〈아이콘 네트워크〉

'블록체인 혁명'의 저자이자 미래학자인 돈 탭스콧이 어드바이저로 합류했다는 점도 화제이다. 아이콘은 이더리움과 연결돼 탈중앙 거래소 거래가 가능하다. 이더리움과 마찬가지로 아이콘을 기반으로 여러 가지 디앱(DApp)이 구현될 예정이며, 한국판 이더리움이라 불리는 이유이다.

3세대 블록체인은 이러한 각각의 블록체인들을 연결하는 하이퍼커넥트(Hyperconnect) 블록체인이다. 아이콘이 추구하는 목표인 이러한 거대한 블록체인 네트워크를 넥서스(Nexus)라 부른다.

4. 비전과 전망

3세대 블록체인 기술 루프체인을 이용하면 금융, 의료, 교육 등 수많은 분야를 연결해 사용자 편의를 증대시키는 것이 가능해진다. 의료기관과 보험사의 블록체인 연결을 통해 진료기록을 더욱 손쉽고 정확하게 전달할 수 있고, 증권사에서 받은 블록체인 아이디를 다른 커뮤니티에서도 사용할 수 있게 된다. 아이콘이 활성화 하면 게임머니를 현실화하는 것도 가능하다. 루프체인이 연결한 거대한 블록체인 네트워크, 넥서스 안에서 사용자들은 아이콘의 토큰(Token)인 아이콘코인(ICX)을 통해 거래와 공유가 가능해지게 된다.

아이콘의 주 목적은 루프체인 시스템을 통해 블록체인 기술이 없는 기업들에 블록체인 원천 기술을 제공하는 것이다. 국내에 몇 없는 블록체인 플랫폼 기업으로서 블록체인 기술을 필요로 하는 기업들에 소스를 제공하고 블록체인 넥서스를 확장해나갈 계획이다.

〈아이콘 코인(ICX)이 바이낸스 거래소에 상장되었다. 2017년 12월 18일부터 바이낸스 코인
(BNB), 비트코인(BTC), 이더리움(ETH)으로 거래된다〉

〈OKEx 거래소 상장 소식〉

아이콘 프로젝트팀은 싱가포르 전문업체가 실시한 고객신원확인(KYC) 절차와 자금세탁방지(AML) 절차를 통과하면서 12월 19일 오후 1시(한국시각)부터 홍콩 암호화폐 거래소 'OKEX'를 통해 거래를 시작했다.

국산 1호 암호화폐로 꼽히는 '보스코인(BOScoin)'이 아이콘보다 먼저 홍콩 암호화폐 거래소 'HitBTC'에 상장된 바 있지만, 업계 관계자들은 아이콘의 해외 거래소 상장이 큰 의미를 지닌다고 평가했다.

5. 상장된 거래소

31. ICON (0.23%)

#	Source	Pair	Volume (24h)	Price	Volume (%)
1	Binance	ICX/BTC	$35,211,700	$4.23	72.49%
2	Binance	ICX/ETH	$10,141,000	$4.22	20.88%
3	Binance	ICX/BNB	$914,261	$4.25	1.88%
4	Huobi	ICX/BTC	$897,011	$4.25	1.85%
5	Huobi	ICX/ETH	$789,818	$4.21	1.63%
6	OKEx	ICX/BTC	$224,725	$4.23	0.46%
7	OKEx	ICX/USDT	$129,233	$4.24	0.27%
8	Gate.io	ICX/ETH	$84,876	$4.24	0.17%
9	Gate.io	ICX/USDT	$58,447	$4.23	0.12%
10	Rfinex	ICX/ETH	$48,742	$4.23	0.10%
		View More			
Total/Avg			$48,576,961	$4.23	

〈코인마켓캡 기준 상위 10개 상장 거래소〉

6. 홈페이지 정보

홈페이지 : https://icon.foundation/?lang=ko
백서 : http://docs.icon.foundation/ICON-Whitepaper-KO-Draft.pdf
페이스북 : https://www.facebook.com/helloicon
트위터 : https://twitter.com/@helloiconworld

7. 소재지 및 연락처

소재지 : 미확인
연락처 : hello@icon.foundation

PART 4

°

C   O   I   N

°

버지
VERGE

Verge is a secure and anonymous cryptocurrency, built with a focus on privacy.

비트코인과 유사하지만 빠른 전송과
토르 네트워크에서 활용가능 플랫폼

1. 기본 정보

- 화폐 표기 : XVG
- 최초 발행 : 2016년 02월 17일
- 발행량 : 14,889,645,346 XVG / 16,555,000,000 XVG
- 증명 방식 : PoW(Proof of Work)
- 채굴 가능 여부 : 가능
- 시가총액 : 1조 2,247억원
- 코인 가격 : 83원 (2018.04.18기준)

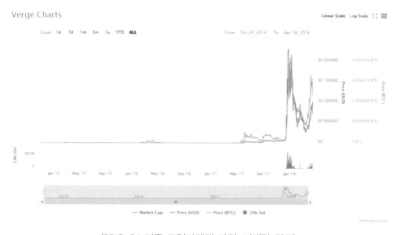

〈2018. 04 기준 코인마켓캡 가격, 거래량 차트〉

2. 개발자

Justin Sunerok(저스틴 수너록)

2014년 10월 doge coin dark라는 이름으로 시작하였으나 doge 코인 창립자이자 개발자인 Jackson Palmer가 떠난 이후 verge 코인으로 변경했다.

3. 기능 및 특징

멀티 알고리즘을 사용하여 유저 프라이버시 및 익명성에 중점을 둔 비트코인 기반의 암호화폐로 Doge 코인 및 비트코인의 대중성과 대쉬 (DASH) 코인의 익명성을 혼합하여 만들어진 코인이다.

블록타임은 30초로 빠른 편이며, 작업증명방식(PoW)로 채굴된다. 버지코인은 특정한 마켓이 아닌 디지털 통화로 사용되는 것을 목표로 하고 있다. 또한 완전한 익명성을 추구하고 있으며, 버지코인의 거래내역을 추적할 수 없다.

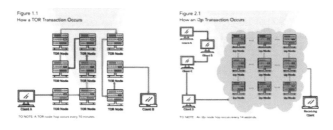

〈Tor의 암호화 과정〉

버지는 익명성 강화에 'Tor'과 'I2P'라는 두 가지 기술을 사용한다. 'Tor'은 'The Onion Router'의 줄임말로 여러 개의 암호화 레이어가 마치 양파처럼 메시지를 감싸기 때문에 붙여진 이름이다. 기존 네트워크는 하나의 인터넷 서비스 제공자(ISP)를 통해 정보를 주고받기 때문에 IP 주소를 추적하기 쉽지만 'Tor'은 여러 개의 암호화 과정을 거칠 때마다 계속해서 IP 주소를 바꾸기 때문에 원래 주소나 이전 경로를 추적하기 어렵게 된다. 'I2P'는 'Tor'에서 한 발 더 나아간 익명화 기술로 'Tor'과 비슷한 암호화 과정을 거치지만 메시지를 주고받는 각각의 통로를 다시 둘로 나눈다. 메시지를 보내는 통로와 받는 통로를 분리함으로써 정보를 한층 더 분산시킬 수 있다. 버지는 'Tor'과 'I2P' 기술로 네트워크 익명성과 보안을 강화함으로써 단일 ISP에서 벗어나 P2P(Peer to Peer) 거래를 가능케 해 탈중앙화를 추구한다.

4. 비전과 전망

백서가 아닌 '흑서(black paper)'를 전면에 내세운 암호화폐인 버지(XVG)는 비트코인보다 한층 강화된 개인정보 보호와 익명성을 추구한다.

버지코인은 다양한 OS를 위한 각종 보안 지갑을 제공하고 있으며, Tor안드로이드용 지갑은 모바일에서도 익명성의 구현이 가능하게 되어 사용자 수가 증가하고 있는 추세이다.

네트워크 익명화를 통해 거래 기록 추적을 어렵게 한 암호화폐를 다크코인이라 부른다. 코인마켓캡 기준 나란히 시가총액 11, 12위를 차지하는 대시, 모네로 등이 대표적이다. 버지는 시총 28위지만 다크코인 중 유일하게 레이스 프로토콜 구축에 성공했다.

레이스 프로토콜 구축에 성공한 버지의 다음 목표는 아토믹 스왑 개발이다. 아토믹 스왑은 서로 다른 블록체인을 기반으로 한 암호화폐끼리 거래소를 거치지 않고 곧바로 교환이 가능하도록 만드는 기술이며, 아토믹 스왑이 성공해 암호화폐 간 상호운용성이 강화되면 탈중앙화에 한층 더 가까워질 수 있다. 기술 개발을 통해 진정한 탈중앙화를 수행하려는 버지의 도전은 현재진행형이다.

5. 상장된 거래소

41. Verge (0.14%)

#	Source	Pair	Volume (24h)	Price	Volume (%)
1	Binance	XVG/BTC	$8,935,300	$0.068396	30.75%
2	Bittrex	XVG/BTC	$8,065,230	$0.068612	27.75%
3	Upbit	XVG/BTC	$7,251,310	$0.068396	24.95%
4	Binance	XVG/ETH	$2,225,750	$0.068299	7.66%
5	Bittrex	XVG/USDT	$1,744,560	$0.068111	6.00%
6	LiteBit.eu	XVG/EUR	$224,127	$0.067798	0.77%
7	Cryptopia	XVG/BTC	$215,758	$0.068180	0.74%
8	HitBTC	XVG/BTC	$132,222	$0.067855	0.46%
9	HitBTC	XVG/USDT	$81,203	$0.070952	0.28%
10	YoBit	XVG/BTC	$49,856	$0.069692	0.17%
		View More			
Total/Avg			$29,059,003	$0.068432	

〈코인마켓캡 기준 상위 10개 상장 거래소〉

6. 홈페이지 정보

공식홈페이지 : https://vergecurrency.com/langs/ko/
백서 : https://vergecurrency.com/assets/Verge-Anonymity-Centric-
    CryptoCurrency.pdf
페이스북 : https://www.facebook.com/VERGEcurrency/
트위터 : https://twitter.com/vergecurrency

7. 소재지 및 연락처

소재지 : 미확인
연락처 : contact@vergecurrency.com

나노

NANO

Digital currency for the real world - the fast and free way to pay for everything in life

확장 가능하고 효율적인 분산 처리가 가능한 플랫폼.

1. 기본 정보

- 화폐 표기 : NANO
- 최초 발행 : 2017년 03월 16일
- 발행량 : 133,248,289 NANO / 133,248,290 NANO
- 증명 방식 : DPoS(Delegated Proof of Stake)
- 채굴 가능 여부 : 불가능
- 시가총액 : 9,632억원
- 코인 가격 : 7,224원 (2018.04.18기준)

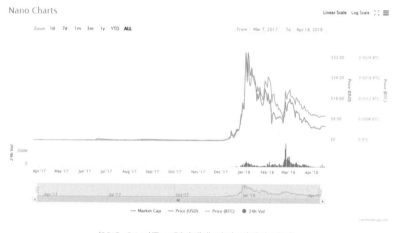

〈2018. 04 기준 코인마켓캡 가격, 거래량 차트〉

2. 개발자

Colin LeMahieu(콜린 르메이유) _ United States of America

Nano 팀의 리드 디벨로퍼인 Colin LeMahieu에 의해서 2014년에 만들어지고 2015년에 런칭한 암호화폐인 'RaiBlocks'가 이름을 바꿔서 'Nano'로 재탄생했다.

3. 기능 및 특징

XRB 코인 레이블록(RAIBLOCK)은 2018년 2월부터 Nano 나노 코인으로 대중과 더욱 공감할 수 있고 또 프로젝트 성장을 위해 리브랜딩 됐다.

나노는 세계가 지불하는 방식을 바꾸는 데 중점을 두고 있다. Colin LeMahieu, Nano의 설립자 겸 창시자는 2015년에 Nano를 시작한 이래로 cryptocurrency를 확장 가능한 방식으로 작동시키는 것을 목표로 운영했다.

Nano는 '블록 격자'라는 혁신적인 기술을 사용하여 광업 프로세스 없이 작동한다. 이것은 무제한의 거래를 허용한다. 매끄럽고 사용자 친화적인 암호 해독성을 생성하여 가맹점 및 구매자에게 가치 기술 이전을 통합하는 데 주력한다. 또한, Delegated Proof of Stake(DPoS) 알고리즘을 사용하여서 합의(consensus)를 이루는 형태라서 스팀이나 EOS와 같이 증인들을 투표를 통해서 선별하고 증인들이 블록을 처리할 수 있다.

즉각적인 트랜잭션 및 무한 확장성을 제공하므로 Nano는 P2P 트랜잭션에 이상적이다.

네트워크는 최소한의 리소스만 필요로 하며 고전력 마이닝 하드웨어는 필요하지 않으며 높은 트랜잭션 처리량을 처리 할 수 있다.

1) 무료 요금

이 프로토콜은 믿을 수 없을 정도로 가볍고 노드 비용이 들지 않기 때문에 나노 트랜잭션은 수수료없이 처리된다. 하나의 트랜잭션은 단일 UDP 패킷에 적합하며 트랜잭션은 독립적으로 처리되므로 블록 크기 문제가 발생하지 않는다.

2) 즉석 트랜잭션 속도

Wallets은 트랜잭션이 전송되면 다음 트랜잭션에 대한 스팸 방지 작업을 미리 캐시하여 양측이 준비가 된 작업 증명을 갖기 때문에 트랜잭션을 즉각적으로 처리한다. 진행 중인 거래의 경우 지연이 있을 수 있지만 이는 거래 스팸을 방지하기 위한 의도이다.

3) 확장성

트랜잭션 조회는 트리 구조 또는 데이터가 해시 테이블을 기반으로 하는 경우 O1로 데이터 세트 크기 logNO의 로그를 사용하여 배율을 조정한다. 이 항목이 어떻게 확장되는지에 대한 아이디어를 얻으려면 1,000개의 항목이 있는 간단한 2진 트리의 경우 10개의 조회가 필요하다. 1,000,000개의 항목이 있으면 20억 개가 소요된다. 30,000개가 소요된다. 정리 된 노드는 각 계정 체인의 최신 블록만 유지하면 되므로 조회 시간과 시스템 리소스를 더 줄일 수 있다.

4. 비전과 전망

2월 3일 나노코인은 바이낸스 거래소 상장 소식과 함께 가격이 $12.57에서 $18.20로 24시간 동안 44% 이상 폭등했다. 나노는 지난해 12월까지 시세가 20센트에 불과했던 코인이었으나, 개발진이 나노 브랜드를 변경하겠다는 발표로 37달러까지 폭등했던 코인이다.

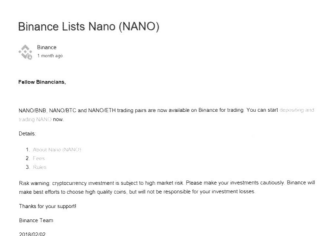

Binance Lists Nano (NANO)

Binance
1 month ago

Fellow Binancians,

NANO/BNB, NANO/BTC and NANO/ETH trading pairs are now available on Binance for trading. You can start depositing and trading NANO now.

Details:

1. About Nano (NANO)
2. Fees
3. Rules

Risk warning: cryptocurrency investment is subject to high market risk. Please make your investments cautiously. Binance will make best efforts to choose high quality coins, but will not be responsible for your investment losses.

Thanks for your support!

Binance Team

2018/02/02

〈2018년 2월 2일 바이낸스에 상장된 나노〉

1월 일본 대형 암호화폐거래소 코인체크에 이어 2월 이탈리아 피렌체의 암호화폐 거래소 비트그레일은 암호화폐 '나노' 1700만 개가 무단 인출된 사건이 발생했다.

나노코인은 기술의 활용성과 사용자들이 얻을 수 있는 간편함과 혜택이 너무나 명확하기 때문에, 앞으로 성공적인 마케팅을 통한다면 훨씬 더 성장할 수 있는 코인이라고 생각한다.

5. 상장된 거래소

18. Nano (0.48%)

#	Source	Pair	Volume (24h)	Price	Volume (%)
1	Binance	NANO/BTC	$76,911,300	$9.03	76.40%
2	Binance	NANO/ETH	$11,613,300	$9.06	11.54%
3	RightBTC	XRB/BTC	$5,064,190	$8.80	5.03%
4	Kucoin	XRB/BTC	$3,635,300	$9.04	3.61%
5	Binance	NANO/BNB	$1,204,340	$9.04	1.20%
6	Mercatox	XRB/BTC	$752,560	$9.05	0.75%
7	Kucoin	XRB/ETH	$714,958	$9.03	0.71%
8	Kucoin	XRB/USDT	$284,495	$9.00	0.28%
9	OKEx	NANO/BTC	$199,982	$9.31	0.20%
10	Bit-Z	XRB/BTC	$143,698	$9.74	0.14%
		View More			
Total/Avg			$100,663,242	$9.03	

〈코인마켓캡 기준 상위 10개 상장 거래소〉

6. 홈페이지 정보

나노 홈페이지 : https://nano.org/en
백서 : http://nano.org/en/whitepaper
트위터 : https://twitter.com/nanocurrency

7. 소재지 및 연락처

소재지 : 미확인
연락처 : press@nano.co

바이낸스코인
BINANCE

BNB를 사용하여 바이낸스거래소의 요금을
지불할 수 있는 코인

1. 기본 정보

- 화폐 표기 : BNB
- 최초 발행 : 2017년 07월
- 발행량 : 114,041,290 / 194,972,068 BNB
- 증명 방식 : ERC-20 Ethereum Token
- 채굴 가능 여부 : 불가능
- 시가총액 : 1조 5,381억원
- 코인 가격 : 1만 3,489원 (2018.04.18기준)

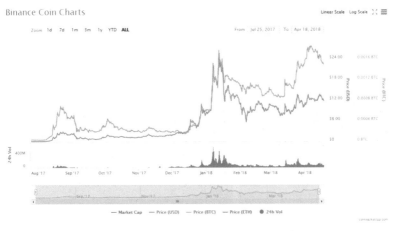

〈2018. 04 기준 코인마켓캡 가격, 거래량 차트〉

2. 개발자

Changpeng Zhao(창펑 자오)
Blockchain _ Head of Development
Bijie Tech _ Founder
Binance _ CEO

바이낸스코인 BINANCE

3. 기능 및 특징

비트파이넥스의 테더나 후오비의 후오비 토큰과 같이 자체 거래소 암호화폐이다. 이더리움 블럭체인을 기반으로 하며 초기자금을 ICO를 통해 확보하였으며, 엔젤투자 10%, 팀 40%, ICO 50% 확률로 2억 개의 BNB 토큰을 분배했다.

바이낸스 코인 BNB는 암호화폐 거래량이 가장 많은 홍콩의 바이낸스 거래소에서 사용되고 있는 코인이며 현재 시가총액 10억 3,300만 달러 약 1조 3,000억 원 이상으로 25위에 올라와 있다.

바이낸스는 직접 거래소에서 사용할 수 있는 코인을 만들었는데 기존의 비트코인, 이더리움보다 싼 거래 수수료를 제공한다(BNB 코인 수수료 0.05%, 타 코인 수수료 0.1%).

〈바이낸스 코인〉

바이낸스 코인은 바이낸스 거래소에서 수수료로 사용할 수 있다. BNB 코인을 사서 거래 수수료, 출금 수수료, 리스팅과 기타 모든 수수료를 바로 바이낸스 코인으로 이용할 수 있다. 특징은 BNB를 이용할 경우 수수료 할인이 된다는 점이다. 첫해 50%, 두 번째 해 25%, 세 번째 해 12.5% 네 번째 해 6.75% 할인을 받는다. 단타 전략으로 거래량이 많은 분들에게는 거래 수수료를 0.1%에서 0.05%까지 할인이 되어 그만큼 수수료를 덜 내게 된다.

4. 비전과 전망

현재 2억 개의 코인이 발행됐는데 바이낸스 측에서 3개월마다 수익의 20%로 코인들을 다시 사들여 2억 개 중 50%인 1억 개를 소각할 예정이다. 현재 바이낸스 사용자와 거래량이 늘어나며 바이낸스 코인이 많이 사용되고 있으며, 소각이 되면 코인의 가치도 오르게 되어 가격이 상승 중에 있다.

Repurchasing plan

Every quarter, we will use 20% of our profits to buy back BNB and destroy them, until we buy 50% of all the BNB (100MM) back. All buy-back transactions will be announced on the blockchain. We eventually will destroy 100MM BNB, leaving 100MM BNB remaining.

Decentralized Exchange

In the future, Binance will build a decentralized exchange, where BNB will be used as one of the key base assets as well as gas to be spent

Reference Link

Binance Official Website: https://www.binance.com/

〈바이낸스 코인 특징〉

바이낸스에서 BNB코인을 상장시킨 이유는 해당 거래소의 기축통화로 만들고, 수수료 할인은 물론 ICO를 진행하며 향후 몇 년간 Coin 소각으로 가치를 높이고 투자자들이 얻을 수 있는 이익도 극대화하겠다는 것이다.

전세계 2위 거래소에서 꾸준한 시세 상승도 보여주고 있기에 헤비 트레이더들에게 주목을 받을 것으로 보인다.

5. 상장된 거래소

30. Binance Coin **(0.23%)**

#	Source	Pair	Volume (24h)	Price	Volume (%)
1	Binance	BNB/USDT	$16,385,700	$9.75	33.29%
2	Binance	BNB/BTC	$16,097,000	$9.72	32.70%
3	Binance	BNB/ETH	$2,948,080	$9.72	5.99%
4	Binance	ADX/BNB	$1,921,320	$9.70	3.90%
5	Binance	LTC/BNB	$1,493,820	$9.69	3.03%
6	Binance	NANO/BNB	$1,204,340	$9.76	2.45%
7	Binance	NEO/BNB	$1,052,450	$9.70	2.14%
8	Binance	VEN/BNB	$1,014,900	$9.69	2.06%
9	Binance	ICX/BNB	$914,261	$9.70	1.86%
10	Binance	BCC/BNB	$680,274	$9.75	1.38%
		View More			
Total/Avg			$49,225,665	$9.73	

〈코인마켓캡 기준 상위 10개 상장 거래소〉

6. 홈페이지 정보

공식 사이트 : https://www.binance.com/
페이스북 : https://www.facebook.com/binanceexchange
트위터 : https://twitter.com/binance
레딧 : https://www.reddit.com/r/BinanceExchange/

7. 소재지 및 연락처

소재지 : Tokyo, Japan
연락처 : support@binance.zendesk.com

파퓰러스
Populous

INVOICE DISCOUNTING
FOR THE BLOCKCHAIN ERA

송장과 무역금융을 위한 이더리움 기반 플랫폼

1. 기본 정보

- 화폐 표기 : PPT

- 발행일 : 2017년 07월 09일

- 발행량 : 37,004,027 / 53,252,246 PPT

- 증명 방식 : ERC-20 Ethereum Token

- 시가총액 : 9,636억원

- 가격 : 2만 6,041원 (2018.04.18기준)

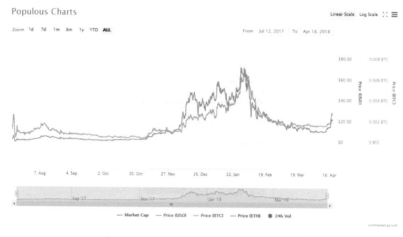

〈2018. 04 기준 코인마켓캡 가격, 거래량 차트〉

2. 개발자

Steve Nico Williams(스티븐 윌리엄스) _ London,
England, United Kingdom
Populous World CEO
Olympus Research Founder
Tramp Magazine Publisher
Bellaface Owner

3. 기능 특징

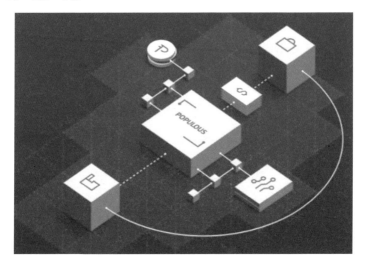

Populous는 현재 현지화되고 제한되어 있는 시장 부문을 세계화하는 P2P(피어 투 피어) 송장 금융 플랫폼이며, 블록체인의 분산원장기술을 기반으로 하는 글로벌 송장거래 플랫폼이다.

인보이스 금융은 판매 인보이스에 묶인 현금을 즉시 이용할 수 있는 자금 조달방식이다. 사업자는 인보이스 구매자가 현금을 빨리 확보하기 위해 인보이스를 할인된 가격으로 구입할 수 있다. 인보이스 채무자가 인보이스를 지불하면 인보이스 구매자는 이전에 합의한 금액을 받는다.

Populous의 특징은 기업들을 위한 자체적인 플랫폼이라는 것이다. 이 플랫폼 안에서 기업들은 저비용으로 빠른 송금과 대금결제를 할 수 있고, 국제적인 P2P 플랫폼을 확산시켜 무역의 효율성을 증가시키고, 블록체인의 활용으로 인한 높은 보안과 익명성을 확보할 수 있다.

중간자를 배제하고, 은행을 배제시켜 기업은 수수료 절감이라는 엄청난 비용 절감 효과를 누릴 수 있고, 거래에 있어서도 향상된 효율성을 누릴 수 있게 된다.

4. 비전과 전망

〈파퓰러스 로드맵〉

Pre-ICO가 완전히 매진되어 2017년 7월 이후로 예정된 ICO가 발생하지 않았다

〈Pre – ICO 매진〉

Populous는 증명할 것이 많은 젊은 프로젝트이다. 팀은 블록체인 기

술에 대한 경험이 많지 않지만 대규모 고객과 이미 전략적 제휴 관계를 맺고 있음을 보여주는 좋은 신호를 보인다.

베타출시 이후 투자자들이 이 제품을 사용해 볼 수 있게 함으로써 가치상승의 큰 발판이 될 것으로 생각된다.

Populous의 현재 시가 총액은 더 많은 고객들을 목표로 삼고 있는 다른 cryptocurrency 프로젝트들보다 상당히 높다. 최근 Populous Data Platform 발표는 시장 진출을 확대하는데 도움이 되는 강력한 움직임을 보이고 있다.

Populous는 꾸준히 사업체들을 플랫폼으로 초대하고, 사업체와 투자자들은 홈페이지에서 등록을 통해 인보이스 시장을 사용할 수 있다.

5. 상장된 거래소

165. Populous (0.01%)

#	Source	Pair	Volume (24h)	Price	Volume (%)
1	Binance	PPT/BTC	$1,581,820	$14.95	63.84%
2	Binance	PPT/ETH	$604,829	$15.01	24.41%
3	ForkDelta	PPT/ETH	$128,402	$14.30	0.00%
4	Mercatox	PPT/ETH	$22,718	$14.33	0.92%
5	LATOKEN	PPT/LA	$19,388	$14.75	0.78%
6	Mercatox	PPT/BTC	$18,747	$14.82	0.76%
7	OKEx	PPT/BTC	$17,101	$14.98	0.69%
8	Kucoin	PPT/ETH	$15,802	$15.47	0.64%
9	HitBTC	PPT/BTC	$15,749	$15.18	0.64%
10	Token Store	PPT/ETH	$15,084	$13.34	0.61%
		View More			
Total/Avg			$2,477,740	$14.92	

〈코인마켓캡 기준 상위 10개 상장 거래소〉

6. 홈페이지 정보

공식 홈페이지 : https://populous.co/
백서 : https://populous.co/populous_whitepaper.pdf
공식 페이스북 : https://www.facebook.com/groups/196726194222168/
　　　　　　　about/
공식 트위터 : Populous Platform@BitPopulous

7. 소재지 및 연락처

소재지 : 16 Great Chapel Street, London W1F 8FL, United Kingdom
연락처 : info@populous.co

시아코인

Siacoin

Cloud storage is about to change. Are you ready?

분산 클라우드 저장(storage) 플랫폼

1. 기본 정보

- 화폐 표기 : SC

- 발행일 : 2015년 06월

- 발행량 : 33,856,771,172 SC 발행 제한 없음

- 증명 방식 : POW(Proof Of Work) / 블록생성시간 10분

- 채굴 가능 여부 : 채굴 가능(듀얼마이닝 가능)

- 채굴 보상 : 현재 약 180,000 SC(감소 예정)

- 시가총액 : 7,052억원

- 가격 : 21원 (2018.04.18기준)

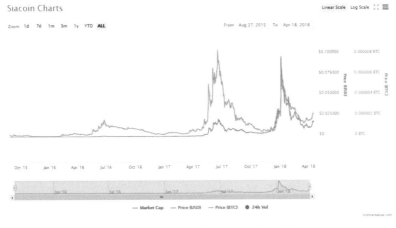

〈2018. 04 기준 코인마켓캡 가격, 거래량 차트〉

2. 개발자

David Vorick(데이비드 보릭) _ Cambridge,
Massachusetts, United States
Nebulous CEO
IBM software Developer(TPF 운영체제 업그레이드)

3. 기능과 특징

시아(Sia)는 분산화된 클라우드 스토리지 방식으로, 기존의 저장 솔루션을 사용하는 P2P 및 기업들에게 더 나은 서비스를 제공하려 한다. 중앙 집권화된 공급자로부터 저장소를 빌리는 대신에, 시아를 사용하는 개인들에게 저장소를 빌리게 된다. 시아 자체는 양 당사자 간에 발생되는 계약 정보만을 저장하게 되며, 둘 사이의 협의사항을 기록하게 된다.

계약을 형성함으로써, 저장소 공급자(호스트)는 고객의 데이터를 저장하는 것에 동의하고, 계약이 만료될 때까지 주기적으로 저장을 증명해 주어야 한다. 호스트가 증명할 때마다 보상을 받게 되며, 만약 증명에 실패하게 되면 패널티를 받게 된다. 블록체인 기술을 통해 이 과정을 공개적으로 확인할 수 있으며, 네트워크의 일치성을 활용하면 체결된 계약들을 자동적으로 강화시킬 수 있다. 고객들은 개인적으로 저장에 대한 증명을 할 필요가 없으며, 파일을 올리기만 하면, 네트워크가 나머지 작업을 자동적으로 처리한다.

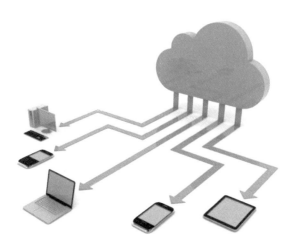

시아코인은 클라우드 서비스를 제공하는 암호화폐이다.

1) 클라우딩 서비스의 탈중앙화

지금의 클라우딩 서비스들은 주로 대기업들이 독점하고 있으며 그들의 중앙화된 서버와 네트워크를 통해서 모든 정보가 저장되고, 관리되고 있다. 때문에 대기업들은 이러한 독점구조를 이용해 높은 가격을 설정하고 있다는 문제가 있다. 이것에 대항하기 위해 개발된 블록체인 플랫폼이다.

2) 정보의 암호화, 분산화, 가격절감 효과

시아코인의 클라우딩 시스템은 고객의 정보와 데이터를 매 10분마다 생성되는 블록과 노드를 전 세계에 걸쳐 분산시켜 저장한다. 이렇게 블록체인에 데이터를 암호화시켜서 저장한다는 것은 완벽한 보안을 보장한다는 것이다. 분산화된 데이터로 인해 해킹을 당한다 하더라도 결국 무용지물로 만들 수 있기 때문이다. 뿐만 아니라 데이터 조작 또한 불가능하다. 또한 블록체인에 데이터를 저장함으로 서버를 공급하기 위한 전력이 필요 없어지고 관리할 필요도 사라져 대기업들이 설정해 놓은 가격에 비해 상당히 저렴한 가격을 보장받는다.

4. 비전과 전망

2018. 01. 17부터 시아코인이 상승한 이유는 우지한 씨의 신상 채굴기 때문이다. 비트메인에서 신규 채굴기가 2018년 1월 17일 발매되었고 완판되었다. 일당 채

〈시아코인을 위한 신규 채굴기〉

굴수익을 KRW기준 11만 원으로 측정한 채굴기, 시아코인의 현재 가격을 생각하면 일당 약 2,500개의 코인을 채굴할 수 있는 채굴기이다.

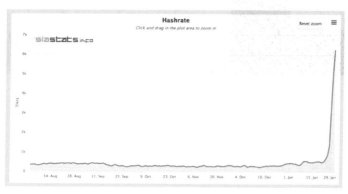

〈시아코인 해시 코드 상승 차트〉

시아코인을 채굴하는 ASIC 장비가 풀리면서 전체적인 해쉬 파워가 미친 듯이 상승, 전체적인 계산력이 높아져버리면서 블록이 빠르게 생성이 되고, 결과적으로 균일하게 발행해야 하는 코인이 많이 발행되기 때문에 이를 방지하기 위해 시아코인의 블록생성 난이도가 올라갔다.

(해쉬 파워가 오르면 생기는 일 _ 코인 하나의 단가 상승)

시아코인은 2017년에 속도 및 안정성, 확장성을 업그레이드해 서비스의 성능 개선에 힘썼다. 또한, 2018년에는 콜드 스토리지와 파일 공유를 도입, 많은 회사에서 사용되도록 개선할 예정이라고 밝혔다.

시아코인의 로드맵은 매우 명확하고, 자주 업데이트 한다. 이미 단순화된 파일 공유 및 파일 계약을 포함한 여러 업데이트가 계획되어 있다. 시아코인은 올해 완료할 16건의 업데이트 중 6개월 내에 총 15건의 업데

〈시아코인 로드 맵〉

이트를 계획하고 있다. 시아코인의 개발팀은 매우 적극적으로 프로젝트를 진행 중에 있다.

현재 프로젝트가 전체적으로 완성되지 않았지만 기능들이 점차 통합되고 간소화됨에 따라 더 많은 사용자가 네트워크로 마이그레이션하게 될 것이다. 이렇게 된다면 당연히 긍정적인 가격이 형성될 것으로 전망한다.

5. 상장된 거래소

98. Siacoin (0.03%)

#	Source	Pair	Volume (24h)	Price	Volume (%)
1	Bittrex	SC/BTC	$2,274,850	$0.010998	41.64%
2	Upbit	SC/BTC	$1,728,810	$0.010998	31.64%
3	Poloniex	SC/BTC	$1,106,870	$0.010506	20.26%
4	Bittrex	SC/ETH	$120,393	$0.010909	2.20%
5	HitBTC	SC/BTC	$100,499	* $0.010932	1.84%
6	Upbit	SC/ETH	$73,490	$0.010909	1.35%
7	Abucoins	SC/BTC	$32,091	$0.010998	0.59%
8	Bitbns	SC/INR	$26,174	$0.011371	0.48%
9	Bisq	SC/BTC	$?	$0.009685	0.00%
	Total/Avg		$5,463,178	$0.010895	

〈코인마켓캡 기준 상위 상장 거래소〉

6. 홈페이지 정보

공식 홈페이지 : https://sia.tech/
백서 : https://sia.tech/sia.pdf
공식 페이스북 : https://www.facebook.com/SiaTechHQ/?ref=br_rs
공식 트위터 : Sia Tech@SiaTechHQ

7. 소재지 및 연락처

소재지 : Nebulous, Inc. 280 Congress St., Floor 12
　　　　Boston, MA 02210 USA
연락처 : hello@sia.tech

알체인

RChain

Scalable Blockchain
Applications

RhoVM을 활용한 분산 애플리케이션 플랫폼

1. 기본 정보

- 화폐 표기 : RHOC

- 발행일 : 2017년 03월 20일

- 발행량 : 359,752,612 / 1,000,000,000 RHOC

- 증명 방식 : PoS(Proof Of Stake)

- 채굴 가능 여부 : 불가능

- 시가총액 : 4,634억원

- 가격 : 1,290원 (2018.04.18기준)

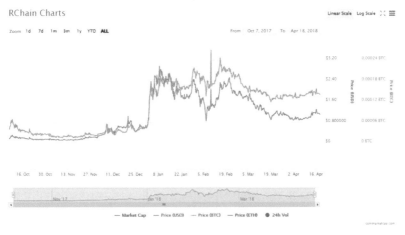

〈2018. 04 기준 코인마켓캡 가격, 거래량 차트〉

2. 개발자

Greg Meredith(그레 메레디스) _ Seattle, Washington, United States
Microsoft의 Biz Talk Process Orchestration 오퍼링 수석 아키텍트
초기 WSDL 사양에 기여
Microsoft's super secret Bigtop 프로젝트 참여
Synereo C.S.O.
LivelyGig CTO

3. 기능과 특징

알체인 네트워크는 직접 노드 간 통신을 구현한다. 각 노드는 알체인 플랫폼과 그 위에 Dapp 세트를 실행한다.

알체인의 핵심은 Rho VM 실행환경이다.

Rho - VM : Turing-Complete, Byzantine Fault-Tolerant, and Replicated

독립성 : RohVM의 각 인스턴스는 필요한 경우에만 독립적인 블록체인 및 네트워크에서 독립적인 일련의 스마트 계약을 진행한다.

확장성 : 플랫폼이 커짐에 따라 노드는 RhoVM의 새 인스턴스를 초기화하여 로드를 관리한다. 이를 통해 성능, 일관성 및 코드의 복잡성을 일정하게 유지하면서 플랫폼을 선형적으로 확장 가능하게 한다.

성능 : RhoVM의 각 인스턴스는 가볍고 멀티 스레드이므로 여러 고성능 인스턴스가 단일 노드에 존재할 수 있다. 따라서 알체인의 응용 프로그램은 전례 없는 처리속도, 가용성 및 반응시간을 달성하여 현대 시장에 적합한 분산 응용프로그램의 환경을 열어준다.

다이나믹하고 구성 가능한 주소 'NameSpaces' : 블록체인상의 namespace는 네트워크상의 계약들, 스마트 컨트랙트, 그리고 블록체인의 가시성을 결정한다. Namespace는 개발자들에게 기능, 종속성, 행동의 패턴에 근거한 계약들을 배열하고 실행하는 반자동 프레임워크를 제공한다. 이러한 속성들은 개발자들이 암호화, 지원 인터페이스, 경제적 프로토콜, ID 등에 대해 안전성 정책을 구성할 수 있게 만든다.

확장가능하고 병행 가능한 스마트 컨트랙트 언어, 알체인 컨트랙트는 내부적으로 병행 가능하다. 이 이점은 message-passing 패러다임을 활용해 반응성을 최적화하고, 보다 역동적이고 정교한 스마트 컨트랙트 환경을 제공한다.

그 외에도 스마트 컨트랙트에 있어 메타프로그래밍, 반응적 데이터 스트림, 패턴 매칭과 같은 업계 최고의 기능을 사용한다.

결과적으로, 알체인 컨트랙트는 처리량과 프로그래밍 가능성에 있어서 독보적이다. 게다가 알체인의 모든 코드라인은 잘 짜인 검증방법과 병행연산의 정해진 형식을 준수하여 확정성이 뛰어난 계약을 자동으로 검증한다.

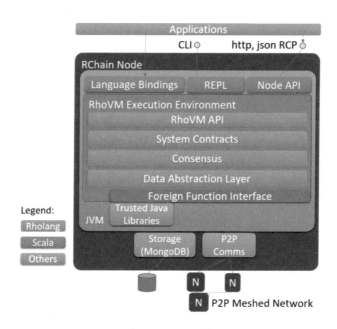

〈Rchain 노드 구성〉

단일 노드는 다음을 지원한다.

- 다중 블록체인
- 공개 또는 사설 블록체인
- 여러 응용프로그램 토큰.
- POS 합의
- 임대 저장소

4. 비전과 전망

현대의 상거래는 하루에 수십억 건의 거래를 처리할 수 있는 네트워크를 요구한다. 일상적인 애플리케이션을 실행하는 다수의 소비자가 사용하려면 초당 수만 건의 트랜잭션을 처리할 수 있는 네트워크가 필요하다. 가장 잘 알려진 두 개의 블록체인(Bitcoin, Ethereum)은 초당 10개 미만의 트랜잭션을 처리할 수 있다. 반대로 초기 개발자 테스트 결과에 따르면 알체인은 초당 4만 건의 트랜잭션을 처리할 수 있으므로 Visa와 같은 주요 신용카드 회사와 동등한 플랫폼 구축이 가능해 보인다. 하지만 알체인은 기업 고객과, 분산화 지지자 모두를 위한 솔루션이기 때문에 개별 고객의 요구와 욕구를 조화시키는 것은 어려울 수 있다. 또한, Rholang의 개발은 경험 많은 개발자들 조차도 어려울 것이다. Rholang은 객체 지향 및 기능 패러다임을 기반으로 보다 일반적으로 사용되는 언어와 현저하게 다른 동시 컴퓨팅 프로그래밍 패러다임을 기반으로 하기 때문이다. 알체인이 위 두 가지의 난제를 어떻게 풀어가는지 지켜볼 필요가 있다고 생각된다.

알체인 CEO는 Ethereum Foundation의 지분증명 업무로 유명한 VladZamfir가 이사회에 합류했다고 발표했다. Vald사는 블록체인의 관리를 통해 기술조직의 사회적 책임을 실현하는데 열정적으로 임하겠다고 말했다.

알체인의 첫 번째 거버넌스 포럼이 최근 2018년 2월 15–18일까지 시애틀에서 개최되었다. 이 포럼은 커뮤니티를 하나로 모으기 위해 개최했으며, 또한, 이번 포럼을 통해 미래를 위한 체계적 일정을 결정했다.

1) 개발 일정

- 2018년 1분기 – Casper POS 공개 시연
- 2018년 2분기 – Alpha 발표. 개발자들에게 시연된 Casper 및 대규모 콘텐츠들이 전송된 노드들을 설정 가능하게 한다.
- 2018 년 4 분기 – 계획된 플랫폼 'Mercury' 소프트웨어를 공개한다.

2) 전략적 파트너

- RChain Holdings, Inc. – 알체인의 사용 촉진에 전념하는 기업
- PyroFex – Rchain coop 을 위해 기술적으로 뛰어난 핵심 프로그램을 개발, 육성하는데 전념하는 기업

5. 상장된 거래소

264. RChain (0.00%)

#	Source	Pair	Volume (24h)	Price	Volume (%)
1	Kucoin	RHOC/ETH	$245,230	$1.04	37.16%
2	ChaoEX	RHOC/BTC	$235,177	$1.03	35.64%
3	Kucoin	RHOC/BTC	$149,669	$1.03	22.68%
4	ForkDelta	RHOC/ETH	$19,224	$1.01	2.91%
5	Token Store	RHOC/ETH	$10,642	$1.08	1.61%
Total/Avg			$659,942	$1.03	

〈코인마켓캡 기준 상위 상장 거래소〉

6. 홈페이지 정보

공식 홈페이지 : https://www.rchain.coop/

백서 : http://rchain-architecture.readthedocs.io/en/latest/

공식 페이스북 : https://www.facebook.com/rchaincooperative/?ref=br_
rs

공식 트위터 : RChain Cooperative@rchain_coop

7. 소재지 및 연락처

소재지 : The Hall at Fauntleroy 9131 California Ave SW, Seattle, WA
98136 USA

연락처 : info@rchain.coop

스테이터스

status

Browse, chat and make payments securely on the decentralized web

오픈소스 메시지 플랫폼.
블록체인 네트워크 상에서 돌아가는 Dapp들과
모바일을 연결하기 위한 인터페이스 제공하는
이더리움을 기반으로 하는 메시지 플랫폼이다.

1. 기본 정보

- 화폐 표기 : SNT

- 발행일 : 2017년 06월

- 발행량 : 3,470,483,788 / 6,804,870,174 SNT

- 증명 방식 : PoW(Proof Of Work)

- 채굴 가능 여부 : 가능

- 시가총액 : 4,912억원

- 가격 : 142원 (2018.04.18기준)

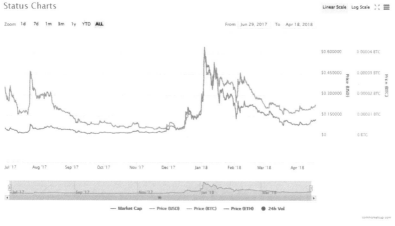

〈2018. 04 기준 코인마켓캡 가격, 거래량 차트〉

2. 개발자

Jarrad Hope(제라드 호프) _ Switzerland
Status. lm Co-funder
Opulence CEO

Carl Bennetts(칼 베네츠) _ Switzerland
Status. Im Co-funder
Opulence CEO

3. 기능과 특징

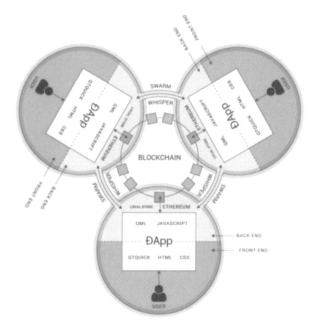

〈Dapp들을 연결하는 분산화 메시징인 Whisper를 사용하는 메신저 Dapp〉

스테이터스(Status)는 오픈 소스 메시징 플랫폼이다. 스테이터스 토큰
은 스테이터스 네트워크에 연료를 공급하는 유틸리티 토큰이다. SNT

의 사용은 분산 알림시장 스테이터스 클라이언트의 거버넌스, 커뮤니티의 컨텐츠, Dapp 디렉토리, 스티커 시장 등을 포함한다. SNT 토큰은 1ETH 당 10,000의 비율로 배포된다.

스테이터스는 분산화와 공동체가 통치하는 접근방식으로 첫 번째 메시징 플랫폼을 목표로 하고 있다. 스테이터스는 중앙 집중식과 달리 오픈 소스이며 사용자는 자신의 개인 데이터를 스스로 제어할 수 있다. 스테이터스는 이더리움 네트워크와 직접적으로 연결되는 노드로 작동하며, 오픈 소스 메시징 플랫폼 및 웹 3.0 브라우저로 이더리움 네트워크에서 실행되는 Dapp들과 상호작용이 가능하도록 디자인되었다. 이더리움 기반은 다른 Dapp들과 상호작용하여 스테이터스 시스템 안에서 자유롭게 거래, P2P 지불, 암호화된 P2P 커뮤니케이션 등을 가능하게 만들 것이다.

4. 비전과 전망

스테이터스는 이더리움과 마찬가지로 스마트 컨트랙트를 이용할 수 있으며, 이를 기반으로 사용자들 간 메신저상에서 송금과 결제를 할 수 있게 지원한다. SNT는 이더리움 플랫폼에서 나온 페이먼트 네트워크 시스템에 사용하는 토큰으로 아직까지 코인으로 인정받지 못하고 있지만, 이번 년도 1분기에 진행하는 머니넷에 성공할 경우 그 가치는 상승할 것으로 생각된다.

현재 SNT 공급은 개발팀과 초기 참여자에게 지급되었고, 29%는 미래 투자자들을 위해 유보되어있다. 이미 각 나라에서는 메신저 시장이 탄탄하게 자리를 잡고 있기 때문에 스테이터스가 어떻게 이 벽을 넘어서느냐가 큰 숙제가 될 것이다.

이에 대해 SNT 측에서는 블록체인을 활용한 암호화폐 메신저 기술이라면 어떤 형태로든 메신저 시장에 융화될 것이라고 패기 있게 말한다. 또한, 보안기능을 강화하기 위해 자체적으로 침입방지 시스템(블록실드) 기술을 적용하고 있다. 또한, 세계 최대규모의 블록체인 컨소시엄인 EEA에 가입했고, 이더리움과 악어새와 악어의 관계로 상생해 나가겠다는 의지를 보인다.

최초의 암호화폐 스마트폰 핀니(암호화폐를 안전하게 저장하고 블록체인을 활용한 메신저, 웹서핑 등을 지원하는 분산 애플리케이션이 가능한 스마트 폰)이다. 또한, 투자자들에게 빠른 피드백을 제공한다.

〈EEA 가입기업〉

1) 향후 진행과정

① 암호화 메시지 전송 – Whisper (Dapp을 위한 이더리움 커뮤니케이션 프로토콜)기반, 일대일/그룹 채팅, 사용자 간 지불/결제

② Ether 지갑 – ETH 저장/전송/수신/거래 기능과, QR 코드리더, 거래 내역을 제공하는 내장 지갑

③ Discover – 사용자가 다른 Status/Dapp 사용자들을 찾거나 아이디어를 토의하거나 재화와 서비스를 교환할 수 있도록 하는 해시태그 기반 검색. 프로필의 검색 여부는 사용자 개개인이 결정 가능.

④ 로컬 P2P 거래소 – 첫 '기본 Dapp'으로, 가능한 플랫폼의 예시이자 최초의 비즈니스 모델, 근처의 스테이터스 사용자를 찾아 소액의 거래 수수료를 지불하여 법정화폐 – ETH 간 거래 가능

2) 비즈니스 파트너

– uPort (외부의 간섭을 받지 않는 신원 확인 시스템)

– Gnosis (집단 지성을 통한 미래 예측 시장 플랫폼)

– Oasis Exchange (탈중앙화된 ETH-ERC20 디지털 자산 거래소)

– Ethlance (수수료 없는 탈중앙화 구직 시장)

– Aragon (블록체인을 통한 탈중앙화 조직 관리 시스템)

– Etherisc (탈중앙화 보험 플랫폼)

– Ujo (예술가들을 위한 창작물 생산/관리/공유 플랫폼)

– Bancor Protocol (즉각적 주문 체결을 위한 스마트 토큰의 표준화에 필요한 프로토콜)

– District0x (탈중앙화 커뮤니티와 탈중앙화 시장을 위한 플랫폼)

5. 상장된 거래소

13. Status (0.64%)

#	Source	Pair	Volume (24h)	Price	Volume (%)
1	Upbit	SNT/KRW	$93,148,500	$0.113928	82.18%
2	Upbit	SNT/BTC	$3,729,460	$0.109980	3.29%
3	Binance	SNT/BTC	$3,295,730	$0.109487	2.91%
4	Bittrex	SNT/BTC	$3,065,970	$0.109733	2.71%
5	Huobi	SNT/BTC	$2,658,300	$0.111252	2.35%
6	Huobi	SNT/USDT	$2,538,070	$0.110080	2.24%
7	Binance	SNT/ETH	$1,151,240	$0.109702	1.02%
8	Ethfinex	SNT/USD	$592,280	$0.111960	0.52%
9	OKEx	SNT/BTC	$490,846	$0.109815	0.43%
10	TOPBTC	SNT/ETH	$360,733	$0.111740	0.32%
		View More			
Total/Avg			$113,340,592	$0.113316	

〈코인마켓캡 기준 상위 10개 상장 거래소〉

6. 홈페이지 정보

공식 홈페이지 : https://status.im/
백서 : https://status.im/whitepaper.pdf
공식 페이스북 : https://www.facebook.com/ethstatus/?ref=br_rs
공식 트위터 : https://twitter.com/ethstatus?lang=en

7. 소재지 및 연락처

소재지 : Status Research & Development GmbH
Baarerstrasse 10 Zug, Switzerland
연락처 : support@status.im

도지코인

Dogecoin

Dogecoin is an open source peer-to-peer digital currency, favored by Shiba Inus worldwide.

상품과 서비스를 구매하거나
다른 통화로 교환할 수 있는 플랫폼

1. 기본 정보

- 화폐 표기 : DOGE

- 발행일 : 2013년 12월

- 발행량 : 114,073,208,279 DOGE

- 증명 방식 : PoW(Proof Of Work)

- 채굴 가능 여부 : 가능

- 채굴 보상량 : 10,000 DOGE

- 블록생성 주기 : 1분

- 시가총액 : 6,254억원

- 가격 : 6원 (2018.04.18기준)

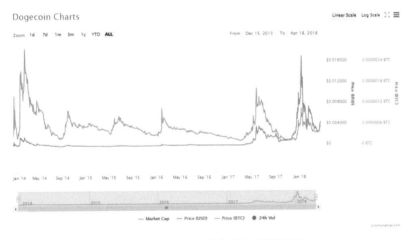

〈2018. 04 기준 코인마켓캡 가격, 거래량 차트〉

2. 개발자

Jackson Palmer(잭슨 팔머) _ San Francisco Bay, United States
Dogecoin _Co-founder
Adobe Group _Product Manager , creative Clud Growth
            _Group Manager , Engagement Marketing
            _Senior Manager , Usage Analytics
            _Product Marketing Manager
            _Associate Product Marketing Manager
software developer at IBM

Billy Markus(빌리 마커스) _ Beaverton, Oregon, United States
Dogecoin Creator
software developer at IBM

3. 기능과 특징

도지코인은 라이트코인에서 포크된 럭키코인에서 포크되었다. 그래서 처음에는 럭키코인처럼 채굴보상이 랜덤이었지만 이후 보상정책을 변경했다.

도지코인의 채굴 속도는 매우 빠르며 2015년 6월 30일 1,000억 개의 코인이 채굴 완료되어 이후 무제한으로 변경되었다. 지금도 1분에 10,000개의 도지코인이 채굴되고 있으며 1년에 약 52억 개가 채굴된다고 한다. 도지코인은 SNS에서 팁을 줄 수 있는 시스템을 통해 많은 인기를 끌었다. 즉, 도지코인을 이용해 사용자들이 흥미롭거나 가치 있는 콘텐츠를 제공한 사람에게 팁을 줄 수 있으며, 레딧, 트위터, 트위치와 같은 곳에서 서비스 가능한 도지팁봇이 등장하기도 했다.

도지코인은 공짜로 얻을 수 있다. 먼저 도지코인 사이트에 가입을 하고 지갑을 만들면 1시간 마다 한 번씩 간단한 게임이 나오는데 이를 합하면 최고 150달러 상당의 랜덤한 도지코인을 받을 수 있다. 이 외에도 사이트에서 제공되는 HIGH-LOW 게임이나 롤렛 게임을 하면 받을 수 있다.

4. 비전과 전망

도지코인이 2018년 가을 즈음 도지이더리움, 도지더리움(DOGETHEREUM)으로 하드포크될 예정이라고 밝혔다. 도지코인은 최근 이더리움의 내부 테스트넷인 Rinkeby testnet에서 테스트 코인으로 포함되었으며 이것은 올해 하드포크를 목표로 한 프로젝트로 결론을 도출하게 되었다.

Dogethereum은 새 분산형 디지털 화폐이며, 이것은 가장 빠른 트랜잭션과 스마트 컨트랙트를 특징으로 하는 이더리움의 알고리즘을 기반으로 도지코인의 스냅샷을 진행할 예정이다.

"도지이더리움의 목표는 ASIC마이닝, 속도 및 단순함 없이 암호화폐를 완전히 새로운 방향으로 추진하는 것이다."라고 도지코인 관계자가 언급했다.

Dogrthereum Bridge는 이더리움의 truebit 기술을 적용할 예정이며, truebit 기술은 사용자의 요구사항을 충족시키는 가장 큰 알트코인의 스케일을 지원하는 계획으로 생성되었다.

1사토시(0.3원) 내외의 타코인들이 거래되는 사이트에서 애용되고 있다.
이런 코인들을 거래하기 위해서 1사토시보다 더 아래이고 안정적인 코인이 필요하게 되었고, 그것을 도지코인이 대신하고 있다.

Market		Coin Name		Last Price		Change		24hr Vol
DAG/BTC		DashGold		0.00012500		316.67%		6.36076;
JET/BTC		Jetcoin		0.00006310		290.71%		20.9436!
DAG/ETH		DashGold		0.00129998		272.49%		20.7829!
XVS/BTC		Vsync		0.00000145		262.50%		1.36900!
KGB/BTC		KangarooBits		0.00000396		260.00%		0.54482'
CDX/BTC		CommodityAdNetwork		0.00004548		252.56%		0.82647;
RIYA/BTC		Etheriya		0.00034289		242.55%		0.016566
TPC/BTC		TrumPenceCoin		0.00000050		233.33%		31.2529!
JET/ETH		Jetcoin		0.00060000		209.28%		28.3183!
STARS/BTC		StarCash		0.00029000		196.74%		3.78915!
ACES/BTC		AcesCoin		0.00000148		164.29%		11.7544;
GET/BTC		GreenEnergyToken		0.00000103		151.22%		24.5464;
ORO/BTC		Orocoin		0.00000400		143.90%		1.42497!
NLG/BTC		Gulden		0.00005700		128.00%		0.768646
SMART/BTC		SmartCash		0.00010499		122.86%		23.9218'
XDE2/BTC		Xde2		0.00023980		118.00%		0.129116
SMART/DOGE		SmartCash		115.00000000		112.96%		5428825
EDRC/BTC		EDRCoin		0.00001980		107.98%		0.006656
POL/BTC		PolarisCoin		0.00003076		104.93%		0.07636;
DIME/BTC		Dimecoin		0.00000002		100.00%		88.4557'

〈도지코인과 거래되는 1사토시 내외의 코인〉

5. 상장된 거래소

52. Dogecoin (0.06%)

#	Source	Pair	Volume (24h)	Price	Volume (%)
1	Poloniex	DOGE/BTC	$1,992,520	$0.003330	19.55%
2	Bittrex	DOGE/BTC	$1,353,760	$0.003330	13.28%
3	Gate.io	DOGE/USDT	$965,552	$0.003189	9.47%
4	Bit-Z	DOGE/BTC	$870,481	$0.003247	8.54%
5	AEX	DOGE/BITCNY	$670,473	$0.003205	6.58%
6	Koineks	DOGE/TRY	$487,746	$0.003356	4.79%
7	HitBTC	DOGE/USDT	$426,613	$0.003373	4.19%
8	BtcTrade.im	DOGE/BTC	$378,436	$0.003247	3.71%
9	HitBTC	DOGE/BTC	$311,255	$0.003264	3.05%
10	CoinExchange	DOGE/BTC	$236,342	$0.003247	2.32%
		View More			
Total/Avg			$10,193,011	$0.003287	

〈코인마켓캡 기준 상위 10개 상장 거래소〉

6. 홈페이지 정보

공식 홈페이지 : http://dogecoin.com/
백서 : https://www.reddit.com/r/dogecoin/comments/7pffe4/the_doge_
   whitepaper/
공식 페이스북 : https://www.facebook.com/OfficialDogecoin/
공식 트위터 : https://twitter.com/dogecoin

7. 소재지 및 연락처

소재지 : Jämtland HQ, Sweden
연락처 : http://foundation.dogecoin.com/contact/

메이커
MAKER

MAKER

Dai is a decentralized stablecoin

Maker는 다양한 Cryptocurrency 생태계에서 중요한 목적을 제공하는 블록체인 프로젝트

1. 기본 정보

- 화폐 표기 : MKR

- 발행일 : 2013년 12월

- 발행량 : 618,228 / 1,000,000 MKR

- 증명 방식 : ERC-20 Ethereum Token

- 채굴 가능 여부 : 불가능

- 시가총액 : 5,328억원

- 가격 : 86만 1,934원 (2018.04.18기준)

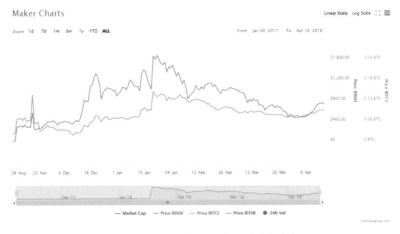

〈2018. 04 기준 코인마켓캡 가격, 거래량 차트〉

2. 개발자

Rune Christensen(루네 크리스텐센) _ Sealand,
Surrey, United Kingdom
MakerDAO _ Founder
Try China _ Co Gounder

3. 기능과 특징

지불 및 저축에 적합한 안정적인 보상금인 Dai와 달리 MKR은 메이커 플랫폼에 대한 고유의 공급 메커니즘 및 역할로 인해 가격변동이 있는 토큰이다. MKR은 메이커 시스템의 유틸리티, 거버넌스 토큰 및 자본 재구성 리소스이다.

유틸리티 토큰 MKR : 메이커 시스템에 Dai를 생성하는데 사용 된 CDP에 누적된 수수료 지불을 필요로 한다. 오직 MKR만 이 수수료를 지불할 수 있다. 그리고 지불된 MKR은 태워 공급량에서 제거한다. 즉, 다이(Dai) 및 CDP의 채택 및 수요가 증가하면 MKR에 대한 추가 수요가 생겨 사용자가 수수료를 지불할 수 있다. 또한 MKR이 타버릴수록 공급량이 감소한다는 것을 의미한다.

거버넌스 토큰 MKR : MKR 소유자는 메이커 시스템의 위험 관리 및 비즈니스 로직에 대한 투표에 참가할 수 있다. 리스크 관리는 시스템의 성공과 생존을 위해 매우 중요하며, 실제로는 각 부수 자산과 CDP유형에 대한 특정 리스크 매개 변수에 투표함으로 수행된다. 리스크 매개 변수는 시스템의 CDP가 사용하는 부수적 자산의 위험 프로파일과 일치하도록 엄격하게 설정해야 하며, 부채 자산과 함께 다이를 생성하기 위해 추가 담보가 필요한지 또는 다이가 특정 담보자산으로 가능한지 결정해야 한다.

〈MKR 거래 단계〉
1단계 : COP 스마트 컨트랙트 생성 및 담보 입금

MKR을 거래하기 위해서는 먼저 MAKER 플랫폼에 컨트랙트를 보내 COP 계약을 체결해야 한다. 이후 DAI를 생성하는데 사용되는 담보의 종류와 금액을 사용하여 스마트 컨트랙트에 자금을 제공하기 위한 두 번째 트랜잭션을 실행한다. 일단 자금이 조달되면, CDP는 '담보 제공' 또는 후원이 된 것으로 간주한다.

2단계 : 담보부 CDP의 스마트 컨트랙트에서 DAI 생성

CDP 계약의 사용자는 CDP에서 원하는 DAI 금액을 검색하기 위해 플랫폼에 대한 트랜잭션을 실행하면서 동시에 동일한 금액의 채무를 확보한다. 일단 사용자가 DAI를 취득하면, 부채가 회수될 때까지 담보물에서 'locked out' 되어 빠져나가지 못한다.

3단계 : CDP 부채 상환 방법

사용자가 담보물의 소유권을 다시 얻으려면 이자 이외의 빚(안전성 수수료)을 갚아야 한다. 부채가 완전히 상환되면 MKR은 사라져서 공급망에서 제거되고 사용자가 MKR을 사용하려고 할 때마다 프로세스가 다시 시작된다.

MKR은 스스로를 규제한다고 할 수 있다. Coin의 목표는 과도한 담보 대출에서 파산의 위험을 감소시키는데 있다. CDP가 적정 담보로 처리되는 경우 자동 재자본화 기능이 실행되어 새로운 MKR을 자동으로 생성하여 플랫폼으로 다시 판매함으로써 MKR의 희석을 강요하여 파산 시점에서 균형을 되찾아 준다. 따라서 개인이 사기 또는 기타 악의적인 행동을 할 경우 자동으로 토큰이 희석되어 피해를 받게 된다.

〈메이커코인 로드맵〉

4. 비전과 전망

안전성이 다른 암호화폐에 비해 뛰어나기 때문에, 스테이블 코인은 일상적으로 사용 시 더 큰 잠재력을 갖게 될 것이다. 비트코인 소유자들이 비트코인을 거래하는 것을 꺼려해 잠재적인 이득을 놓칠 수도 있지만, 스테블코인 사용자들은 위 같은 우려를 하지 않는다. 또한 금융 기관들이 수익을 얻기 원하는 대출과 같은 정통적 금융서비스에 사용이 기대된다.

수년 간의 개발기간을 거쳐 2017년 12월에 DAI 토큰은 출시되었다. 미국 달러 대신에 다른 담보물들의 많은 사용이 논란이 되었고, 집중화된 미국의 중앙 집중화된 대처법의 대안으로서, DAI는 담보 지불을 위한 기본 암호화 방식으로 대중들에게 인식 및 채택을 늘릴 수 있을 것이다.

5. 상장된 거래소

259. Maker (0.00%)

#	Source	Pair	Volume (24h)	Price	Volume (%)
1	OasisDEX	MKR/ETH	$279,697	$671.26	40.61%
2	Bibox	MKR/ETH	$159,786	$688.73	23.20%
3	Bibox	MKR/BTC	$142,617	$692.32	20.71%
4	Paradex	MKR/WETH	$33,336	$656.25	4.84%
5	OKEx	MKR/USDT	$23,235	$673.26	3.37%
6	Paradex	MKR/DAI	$19,528	$672.10	2.84%
7	OKEx	MKR/BTC	$15,867	$681.13	2.30%
8	Radar Relay	MKR/WETH	$4,210	$677.30	0.61%
9	Gate.io	MKR/USDT	$3,491	$660.88	0.51%
10	OKEx	MKR/ETH	$3,436	$686.19	0.50%
		View More			
Total/Avg			$688,701	$679.37	

〈코인마켓캡 기준 상위 10개 상장 거래소〉

6. 홈페이지 정보

공식 홈페이지 : https://makerdao.com/
백서 : https://makerdao.com/whitepaper/DaiDec17WP.pdf
공식 페이스북 : https://www.facebook.com/Makerdao-282299055633306/
공식 트위터 : https://twitter.com/MakerDAO

7. 소재지 및 연락처

소재지 : Denmark, South Carolina, United States
연락처 : careers@makerdao.com

비트쉐어

Bitshares

BitShares

BitShares - Your share in the Decentralized Exchange

Built using the latest in industry research, BitShares 2.0 offers a stack of financial services including exchange and banking on a blockchain.

BTS(bitshares)의 기술을 보면 세계에서 가장 빠른 블록체인이며, 거래량이 많은 탈중앙 익스체인지, 가격 안정성, 스텔스 전송, 체인 아토믹스왑이 가능한 플랫폼 (아토믹스왑 _ 다른 블록체인에서 코인거래를 간편하고 안전하게 하는 기술).

1. 기본 정보

- **화폐 표기** : BTS

- **발행일** : 2014년 07월

- **발행량** : 2,616,710,000 / 3,600,570,502 BTS

- **증명 방식** : DPoS(Delegate Proof of Stake)

- **채굴 가능 여부** : 불가능

- **시가총액** : 6,321억원

- **가격** : 242원(2018.04.18기준)

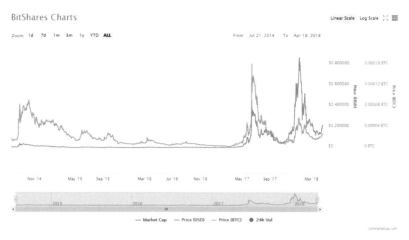

〈2018. 04 기준 코인마켓캡 가격, 거래량 차트〉

2. 개발자

Stan Larimer(스탠 라리머) _ Virginia, United States
Invictus Innovations _ President
Bitshares _ Godfather
Cryptonomex inc. _ President

비트쉐어 Bitshares

Daniel Larimer(댄 라리머) _ Virginia, United States
Invictus Innocations _ CEO
Steemit _ CTO
Cryptonomex Inc. _ CEO
BlockOne _ CTO

3. 기능과 특징

비트쉐어는 미리 정의된 규칙 집합과 공개 키 암호화로 관리되는 업데이트 권한을 가진 분산된 다중 사용자 데이터베이스를 제공하는 소프트웨어이다.

비트쉐어 소프트웨어가 정의한 규칙에 따라 데이터 베이스를 동기화된 상태로 유지하는 전세계 사용자가 운영하는 분산 네트워크이기도 하다. 이렇게 되면 인터넷을 통해 서로 통신하는 네트워크에 최소한 두 명의 참가자가 있는 한 비트쉐어 네트워크를 실행할 수 있다

또한 비트쉐어는 블록체인에서 발생하는 모든 트랜잭션을 기록하는 분산 원장이다.

스마트 자산플랫폼을 통해 UIA를 만들 수 있으므로 누구나 비트쉐어 블록체인에서 디지털 자산을 만들 수 있다. 이러한 디지털 자산은 지분을 가진 클라우드 펀딩, 재산권 또는 이벤트 티켓으로 다양하게 사용될 수 있도록 만들었다.

비트쉐어 코인은 스팀코인과 매우 비슷한 특징을 가지고 있다. 커뮤니티 시스템, 보상 시스템, 거래 시스템 등등. 그 이유는 비트쉐어 개발진들이 스팀코인 개발에 참여했기 때문이다.

비트쉐어의 특징은 총 10가지이다.

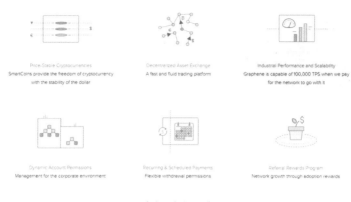

Price-Stable Cryptocurrencies
SmartCoins provide the freedom of cryptocurrency with the stability of the dollar

Decentralized Asset Exchange
A fast and fluid trading platform

Industrial Performance and Scalability
Graphene is capable of 100,000 TPS when we pay for the network to go with it

Dynamic Account Permissions
Management for the corporate environment

Recurring & Scheduled Payments
Flexible withdrawal permissions

Referral Rewards Program
Network growth through adoption rewards

〈비트쉐어 특징〉

1) 가격 안정성

2) 자산 거래소

3) 산업기능 및 확장성

4) 동적계정 사용권한

5) 반복 및 일정 요금 지불

6) 보상 시스템

7) 무형 자산

8) 프로젝트 파이낸싱

9) 차명계좌

10) 협의회

이러한 비트쉐어의 시스템은 소비자들과 사용자들이 많을수록 수익과 자산이 증가하는 비즈니스 모델의 성격을 가지고 있다. 즉 수익형 SNS 시스템이다.

4. 비전과 전망

비트쉐어는 그래핀이라고 불리는 엔진을 바탕으로 분산화된 거래소를 운영했다. 그러나 중앙화된 거래소와 달리 실질적 실시간 거래가 불가능했고, 이로 인해 유동성 확보에 어려움에 봉착했다. 그리하여 초기 기대감으로 인한 펌핑은 실망감으로 전환되었고, 지속적인 하락의 길로 들어섰다.

하지만 대부분의 암호화폐 프로젝트와 마찬가지로 비트쉐어에 대한 투자 스토리는 플랫폼의 성공 또는 실패에 중점을 둔다. 비트쉐어는 2014년 이래로 사용자가 실제 자산을 디지털화하고 분산 된 방식으로 블록체인에서 거래할 수 있게 해주는 플랫폼 개발에 주력해 왔다. 전통적인 자산과 증권의 디지털화가 금융산업에서 산업 표준이 되고, 비트쉐어가 이를 위한 플랫폼으로 자리 잡으면 BTS의 가치가 급등할 것으로 예상한다.

새로운 관심 대상 플랫폼은 비트쉐어 기술을 기반으로 하는 세계 최초의 블록체인 기반 대기업인 OpenLedger Decentralized Conglomerate 이다. OpenLedger는 GetGame, eDEV.one 및 Apptrade와 같은 여러 프로젝트를 호스트한다. Getgame은 VR, AR 및 블록체인 기반 제작에 초점을 둔 게임 관련 아이디어를 기반으로 하며, eDEV.one은 블록체인 기술을 기반으로 하는 자유로운 플랫폼이다.

5. 상장된 거래소

51. BitShares (0.06%)

#	Source	Pair	Volume (24h)	Price	Volume (%)
1	BitShares Asset Exchange	BITCNY/BTS	$3,346,250	$0.134281	31.22%
2	Poloniex	BTS/BTC	$1,321,050	$0.117731	12.33%
3	AEX	BTS/BITCNY	$1,294,430	$0.139331	12.08%
4	ZB.COM	BTS/USDT	$1,228,110	$0.138977	11.46%
5	Binance	BTS/BTC	$1,117,930	$0.138962	10.43%
6	BitShares Asset Exchange	BITUSD/BTS	$638,833	$0.135991	5.96%
7	ZB.COM	BTS/BTC	$590,509	$0.138796	5.51%
8	Binance	BTS/ETH	$378,866	$0.138913	3.54%
9	Lbank	BTS/ETH	$210,995	$0.139175	1.97%
10	Livecoin	BTS/BTC	$104,765	$0.140794	0.98%
		View More			
Total/Avg			$10,717,214	$0.134565	

〈코인마켓캡 기준 상위 10개 상장 거래소〉

6. 홈페이지 정보

공식 홈페이지 : https://bitshares.org/
백서 : http://docs.bitshares.org/
공식 페이스북 : https://www.facebook.com/officialbitshares/
공식 트위터 : https://twitter.com/bitshares

7. 소재지 및 연락처

소재지 : Blacksburg, Virginia, United States
연락처 : contactbitshares@bitshares.org

PART 5

°

C O I N

°

애터니티

aeternity

Scalable smart contracts interfacing with real world data.

스케일링 문제를 효율적으로 관리하고자 하는
스마트 컨트랙트 플래폼

1. 기본 정보

- 화폐 표기 : AE

- 발행일 : 2016년 12월 29일

- 발행량 : 233,020,472 / 273,685,830 AE

- 증명 방식 : PoS(Proof of Stake) + PoW(Proof of Work) 하이브리드

- 채굴 가능 여부 : 가능

- 시가총액 : 4,667억원

- 가격 : 2,009원 (2018.04.18기준)

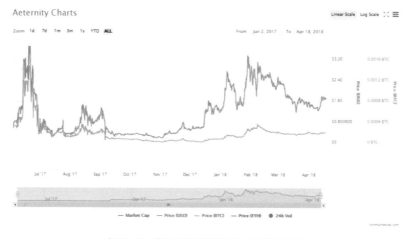

〈2018. 04 기준 코인마켓캡 가격, 거래량 차트〉

2. 개발자

Yanislav Malahov(야니슬라브 말라하브) _ Bulgaria
DOGE Flow Wallet _ Building the first Dogecoin browser
wallet
Various _ Consultant
PinCo Collage Maker for all Websites _ Creator
Aeternity _ Founder

3. 기능과 특징

애터니티(Aeternity)는 다른 블록체인이 직면한 확장성과 개인정보 보호 문제를 해결하도록 설계된 블록체인 기반 컴퓨팅 및 디지털 자산 플랫폼이다. 애터니티 솔루션의 핵심 기술 구성요소 중 하나는 '상태채널'이라고 불리는 것이다. 이 채널은 확실한 거래를 오프체인 상태로 유지하여 민감한 비즈니스 데이터가 공개되지 않도록 프라이버시를 강화하는 수단이다. 블록체인 상에서의 유일한 시간 불일치가 존재하는 스마트 컨트랙트가 시행되는 것이다. 오픈체인 트랜잭션의 또 하나의 긍정적인 작용은 실제로 무제한의 트랜잭션 처리량을 허용한다는 것이다. 애터니티의 또 하나의 중요한 기술 구성요소는 '스마트 오라클'의 사용이다. 스마트 오라클의 장점은 실제 데이터와 블록체인 기반 스마트 컨트랙트 간의 효율적인 상호작용을 가능하게 하는 것이다. 스마트 오라클은 금융 애플리케이션, 공급망 관리, 보험, 게임 등의 사용 사례를 지원한다. 마지막으로 애터니티가 하이브리드 작업 증명 및 지분 증명 시스템을 사용한다는 점은 주목할 가치가 있다. 일반적인 컴퓨터와 스마트 폰에서 수행할 수 있는 작업증명을 통해 광산 합의가 이루어지므로 고도로 분산되어 있다. 한편 거버넌스 메커니즘은 예측 시장을 기반으로 한 지분 증명 모델을 기반으로 한다.

애터니티는 이더리움과 비슷한 느낌의 코인이지만 Turing-complete 라는 가상 컴퓨터를 통해 스마트 컨트랙트가 이루어진다는 점에서 차이를 가진다.

State Channels

Smart contracts exist only inside off chain
state channels. Just in case of
disagreement the smart contract code gets
enforced by the æternity blockchain.

Why is that a breakthrough?

Decentralized Oracles

An oracle machine connects public real
world data with smart contracts. Oracles
are categorically more powerful than
Turing-complete computational models.

How can an oracle be helpful?

Consensus

Consensus is achieved via a novel hybrid
Proof-of-Work (PoW) and Proof-of-Stake
(PoS) algorithm.

How does this work?

Unique Governance

æternity implements a form of futarchy,
where miners vote and value-holders bet to
make decisions together.

How does this work?

〈애터니티 기능〉

Privacy

For many business applications it's crucial to
have their transactions not recorded in public.
Smart contracts touch the blockchain only in
case of disagreement, acting like a self-
arbitrating crypto court.

Security

State-of-the-art cryptographic datastructures and
unparalleled decentralization provide efficiency
and eliminate every single-point-of-failure.

Low cost

Via leveraging state channels the default way to
run smart contracts, æternity becomes the most
efficient Turing-complete blockchain and thus
enables new forms of monetization via it's low
cost transactions.

〈애터니티 특징〉

보안성, 익명성, 저렴한 비용이 애터니티 코인의 특징이다.

1) State Channels

스마트 계약은 오프체인 상태 채널에서만 존재한다. 불일치가 발생하는
경우 스마트 계약 코드가 불일치할 경우 애터니티 블록체인이 실행된다.

2) Decentralized Oracles

오라클 머신은 공개 계약서와 실제 데이터를 연결한다. Oracles는

Turing-complete 계산 모델보다 훨씬 더 강력하다.

3) Consensus
컨센서스는 새로운 하이브리드 POW 알고리즘과 POS 알고리즘을 통해 달성된다.

4) Unique governance
애터니티는 채굴자가 투표하고 보유자가 함께 결정을 내리는 일종의 futarchy를 구현한다.

5) Privacy
많은 비즈니스 응용 프로그램의 경우 거래가 공개되지 않는 것이 중요하다. 스마트 컨트랙트는 불일치하는 경우에만 블록체인을 작동시키며 스스로 암호 법원처럼 작동한다.

6) Security
최첨단 암호화 데이터 구조와 비할 데 없는 분산은 효율성을 제공하고 모든 단일 장애를 제거한다.

7) Low cost
주정부 채널을 기본 계약 방식으로 활용하여 비영리 단체가 가장 효율적인 Turing-Complete 블록체인을 사용, 저비용 거래를 통해 새로운 수익 창출이 가능하다.

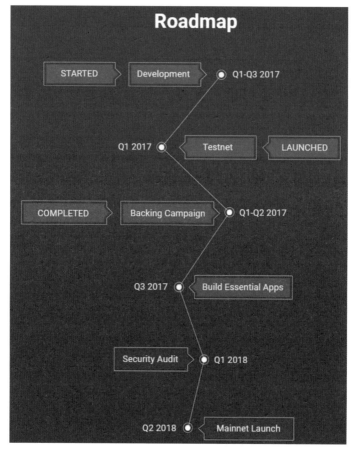

〈애터니티 로드맵〉

4. 비전과 전망

초기 토큰 공급은 ICO기부 금액에 따라 결정되었다. 대략 전체의 82%가 ICO참가자에게 전달되며 토큰의 17%는 재단 및 창립 팀에게 전달된다. 애터니티 블록체인이 생성되고 1%가 ETH 및 BTC 소지자에게 배포된다.

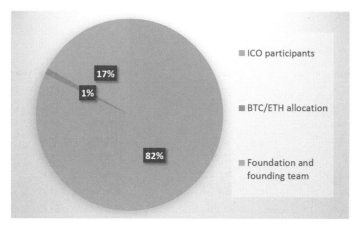

<초기 토큰 공급량>

애터니티는 스마트 계약(Ethereum), 주 채널(Lightning Network), 분산된 신탁(Gnosis) 또는 Namecoin과 같은 다양환 블록체인 혁신을 조합한 다음 이를 하나의 강력한 아키텍처로 묶는다(Bitcoin을 구축한 방식). 애터니티 팀이 과업을 실현한다면 매우 매력적인 블록체인 솔루션을 제공할 것이다. 그러나 광범위한 제품을 만들면 경쟁이 심화될 수 있다. 따라서 애터니티 블록체인 개발이 완료될 때 유리한 기능 중 일부가 이미 존재할 수 있다.

애터니티는 많은 프로젝트에서 분명히 많은 경쟁자가 존재하게 될 것이다. 예를 들어 Ethereum은 거대한 네트워크 효과가 있었고 많은 프로젝트와 제품이 이 플랫폼 위에 구축되었다. 여기에 애터니티가 경쟁우위를 점할 수 있을지 불확실하다.

5. 상장된 거래소

140. Aeternity (0.02%)

#	Source	Pair	Volume (24h)	Price	Volume (%)
1	Gate.io	AE/USDT	$962,351	$1.42	30.91%
2	Binance	AE/BTC	$888,612	$1.41	28.54%
3	Binance	AE/ETH	$405,638	$1.41	13.03%
4	HitBTC	AE/BTC	$120,665	$1.39	3.88%
5	Liqui	AE/BTC	$119,643	$1.42	3.84%
6	CoinBene	AE/USDT	$96,433	$1.40	3.10%
7	Liqui	AE/ETH	$90,500	$1.41	2.91%
8	Gate.io	AE/ETH	$75,993	$1.41	2.44%
9	IDAX	AE/BTC	$68,009	$1.56	2.18%
10	Binance	AE/BNB	$65,938	$1.38	2.12%
		View More			
Total/Avg			**$3,113,698**	**$1.41**	

〈코인마켓캡 기준 상위 10개 상장 거래소〉

6. 홈페이지 정보

공식 홈페이지 : https://www.aeternity.com/
백서 : https://aeternity.com/aeternity-blockchain-whitepaper.pdf
공식 페이스북 : https://www.facebook.com/aeternityproject/
공식 트위터 : https://twitter.com/aetrnty

7. 소재지 및 연락처

소재지 : FL-9495 Landstr. 123Triesen FL-9495
Liechtenstein, Switzerland, Europe
연락처 : ae@blckbot.com

제트클래식
ZCLASSIC

No Censorship-Financial Freedom
Brings Financial Anonymity

Non-interactive zero-knowledge proofs
기술을 사용해 프라이버시를 강화한 플랫폼

1. 기본 정보

- 화폐 표기 : ZCL

- 발행일 : 2016년 11월 5일

- 발행량 : 3,765,050 / 21,000,000 ZCL

- 증명 방식 : PoW(Proof or Work) / ZCASH에서 하드포크

- 채굴 가능 여부 : 가능

- 시가총액 : 227억원

- 가격 : 6,048원 (2018.04.18기준)

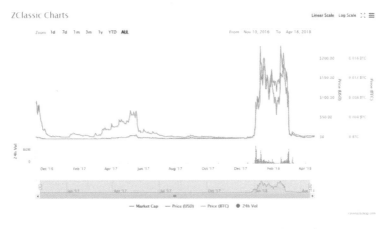

〈2018. 04 기준 코인마켓캡 제트클래식 가격, 거래량 차트〉

2. 개발자

Rhett Creighton(렛 크레이튼) _ United States of America
- Zclassic, 비트코인 프라이빗, Whale Coin 개발
- 스텔스 블록체인 프로젝트의 공동창립자

3. 기능 및 특징

제트클래식(Zclassic)은 2016년 11월 5일 제트캐시(Zcash)에서 하드포크되었다. 제트클래식에서는 제트캐시에 있던 20%의 개발자 보상이 제거되었다.

1) 익명성과 프라이버시 보장

제트클래식은 거래 시 보내는 사람, 받는 사람, 거래액을 모두 공개하지 않고 거래할 수 있어서 거래의 익명성과 프라이버시가 보장된다. 이 점에서 제트캐시와 비전을 공유하고 있다.

z-address라는 보안된 주소를 생성함으로써 프라이버시를 강화했고 대표적인 익명성 코인인 모네로, 대시와는 달리 Non-interactive zero-knowledge proofs 기술을 사용한 것이 특징이다.

이 증명 방식을 사용하면 어떤 유닛이 소유되었는지 알릴 필요 없이 소유권을 증명할 수 있기 때문에 사용자가 자신의 정보를 노출시키지 않고 거래를 할 수 있게 된다.

또한 사용자에게 선택적으로 지불 증명을 할 수 있게 해 트랜잭션의 프라이버시와 선택적 투명성을 제공한다.

〈제트클래식의 슬로건〉

2) 공정함을 추구

제트클래식은 개발자들에게 블록당 20%의 보상이 돌아가던 제트캐시의 구조를 바꿔서 모든 채굴 보상이 채굴자들에게 직접 돌아가게 설계되었다. 또한 초기 채굴자들에게 보상이 적게 돌아가도록 한 슬로우 스타트(Slow-Start)를 제거해 채굴자들이 얻는 보상을 늘리기도 했다.

슬로우 스타트란 블록생성 매커니즘으로써 보상을 단계적으로 천천히 늘리는 방법이다.

채굴을 선점하거나 개발을 담당했거나 투표를 통해 선택 받은 사람들에게 보상이 더 돌아가는 구조가 아니라 뒤늦게 들어온 채굴자들도 채굴하는 만큼의 보상을 받을 수 있도록 설계했다는 점에서 신규 유입을 용이하게 하고 출발의 공정성을 높이려고 한 시도가 보인다.

비트코인골드와 제트캐시가 사용하는 Equihash 알고리즘을 사용해 ASIC 채굴이 불가능하고 GPU 채굴을 지원한다.

3) 커뮤니티 중심의 운영

제트클래식은 제트캐시와 마찬가지로 오픈소스 블록체인 네트워크 기술을 사용한다.

제트클래식은 커뮤니티에서 파생된 코인이기 때문에 사용자들 간의 합의를 통해 발전해나가는 커뮤니티 중심의 운영을 지향하고 있다.

4. 비전 및 전망

비트코인과의 결합 하드포크를 통해 기존의 비트코인의 취약점이었던 거래의 익명성과 프라이버시 부분을 보완한 비트코인 프라이빗이 론칭되었다.

〈비트코인 프라이빗 공식 트위터 계정〉

왜 BTCP인가

익명성

비트코인 프라이빗은 제트캐시나 ZClassic 과 같은 zk-snarks 기술을 사용합니다. 이는 거래 내역은 공개되지만 해당 객체에 등록되지만, 그 이외의 개인에 관한 정보는 알기 힘들다는 것을 의미합니다.

탈중앙화된

비트코인과 같이, 비트코인 프라이빗은 유저 대 유저(P2P) 거래로 다른 중개자 없이 가능하게 합니다. 이러한 거래 내역은 암호화를 바탕으로 네트워크 노드에 의해 승인되며 공공 장부에 기록됩니다.

빠른 전송

기존 비트코인과 달리, 비트코인 프라이빗은 최소한의 증가된 블록 크기로 다른 비트코인 파생 코인보다 더 강한 익명성과 보안성을 거래 전송 속도를 희생하지 않으면서 지원하게 될 것입니다.

오픈 소스

비트코인 프라이빗의 전체 코드는 대중에게 공개되어 있으며 이는 누구나 공개적으로 접근할 수 있는 기회를 제공합니다. 또한 비트코인 프라이빗은 항상 오픈소스화 되어 있으면서 점점 커지는 커뮤니티를 기반으로 성장할 것입니다.

커뮤니티 주축의 운영

투명성과 오픈 소스를 바탕으로, 비트코인 프라이빗은 전 세계에 있는 다양한 개발자 구성원들에 의해 만들어 집니다. 각 구성원은 자신의 역할을 다하며 자신의 능력을 바탕으로 코인 발전에 기여하게 됩니다.

공정한 출발

비트코인 프라이빗은 개인의 선 채굴이나 초기 개발자 할당창 없이 출시되며 이는 모두에게 더 나은 기회와 평등을 제공합니다. 비트코인 프라이빗은 모든 비트코인과 ZClassic 표유자들에게 1대1의 비율로 지급됩니다.

〈비트코인 프라이빗 특징〉

암호화폐 시장의 기축통화인 비트코인을 보완한 비트코인 프라이빗에 대한 기대감으로 제트클래식의 가치도 동반 상승할 것이라는 전망이 있다.

또한 개발자들이 기존의 제트캐시에서 버그나 다른 잠재적인 문제 혹은 보완점을 찾기 위해 제트클래식을 이용하기도 하는 등 제트캐시에서 하드포크되어 나왔지만 제트캐시와 생태계를 공유하고 공존할 예정이라는 점도 향후 제트클래식에 대해 긍정적 전망을 할 수 있는 요소이다.

현재 제트캐시보다 뒤쳐져 있지만 신생 코인이고 또 현재 2천 백만 개의 ZCL 중 지금까지 약 3백만 개의 코인만이 채굴되었기 때문에 앞으로의 추이가 주목된다.

5. 상장된 거래소

269. ZClassic (0.01%)

#	Source	Pair	Volume (24h)	Price	Volume (%)
1	Bittrex	ZCL/BTC	$868,664	$4.35	92.43%
2	Cryptopia	ZCL/BTC	$55,992	$4.37	5.96%
3	Vebitcoin	ZCL/TRY	$11,739	$5.12	1.25%
4	Trade Satoshi	ZCL/BTC	$1,316	$4.27	0.14%
5	CoinExchange	ZCL/BTC	$1,128	$4.28	0.12%
6	Cryptopia	ZCL/LTC	$759	$4.38	0.08%
7	Trade Satoshi	ZCL/DOGE	$69	$4.58	0.01%
8	Trade Satoshi	ZCL/USDT	$66	$5.11	0.01%
9	Trade Satoshi	ZCL/LTC	$51	$3.65	0.01%
10	BarterDEX	ZCL/KMD	$9	$4.57	0.00%
	Total/Avg		$939,793	$4.36	

〈코인마켓캡 기준 상위 10개 상장 거래소〉

6. 홈페이지 정보

공식 홈페이지 : http://zclassic.org/
백서 : https://zclassic.org/pdfs/whitepaper.pdf
트위터 : https://twitter.com/ZclassicCoin
레딧 : https://www.reddit.com/r/ZClassic/

7. 소재지 및 연락처

소재지 : Austin, Texas, US
연락처 : https://github.com/z-classic/zclassic

제로엑스

0x

The Protocol for Trading Tokens Powering Decentralized Exchange

이더리움 블록체인 위에서 작동하는 탈중앙화 거래소
를 위한 오픈 프로토콜 프로젝트

1. 기본 정보

- 화폐 표기 : ZRX

- 발행일 : 2017년 8월 11일

- 발행량 : 522,886,206 / 1,000,000,000ZRX

- 증명방식 : ERC-20 Ethereum Token

- 채굴 가능 여부 : 불가능

- 시가총액 : 5,127억원

- 가격 : 981원 (2018.04.18기준)

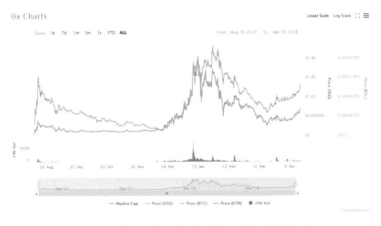

〈2018.04 기준 코인마켓캡 제로엑스 가격, 거래량 차트〉

2. 개발자

Will Warren(윌 워렌) Amir Bandeali(아미르 반딜리) _ United States of America

제로엑스의 개발팀은 샌프란시스코에 위치해 있으며 CEO인 Will Warren과 CTO인 Amir Bandeali 모두 스마트 컨트랙트 R&D를 담당하고 있다.

3. 기능 및 특징

제로엑스(0x) 프로젝트는 승인이 필요 없는 탈중앙화된 개방형 교환 프로토콜이다. 제로엑스 프로토콜을 이용하면 스마트 컨트랙트를 통해 개인 간 거래(P2P)로 이더리움 블록체인을 기반으로 한 ERC20 토큰을 거래할 수 있다.

1) 0x(ZeroX)

제로엑스는 컴퓨터 프로그래밍에서 16진수를 표시하는 상수이다. 8진수는 숫자 앞에 0을 붙이고 16진수는 숫자 앞에 0x를 붙인다.

이 사실이 의미가 있는 이유는 이더리움 지갑의 주소가

0x359872a6d25374786997E003F3F131a951aBFB1E

같은 16진수로 구성되어 있기 때문이다.

이더리움을 기반으로 하는 토큰들을 거래할 수 있는 프로토콜을 만드는 프로젝트와 잘 맞아떨어지는 이름이다.

또한 이름에 담긴 의미에 대해 0x 프로젝트의 Advisor이자 Coinbase의 PM인 Linda Xie는 이렇게 대답했다.

"In a more abstract context, as the first open protocol for exchange 0x represents the beginning of the end for the exchange industry's rent seeking oligopoly: zero exchange"

수수료를 통한 지대 추구 방식의 독점적 거래소 시대를 끝내고 나타난 새로운 오픈 프로토콜 방식의 거래소를 상징한다는 것이다.

2) ERC20 토큰

제로엑스 프로토콜에서 거래되는 ERC20 토큰은 이더리움 표준을 따르는 토큰을 말한다. 토큰에 6개의 Method와 2개의 Event가 정의되어 있을 때를 ERC20 표준을 따른다고 하는데, 이더리움을 기반으로 만들어진 토큰이라도 이 방식에 따르지 않으면 ERC20 토큰이라고 하지 않는다.

이더리움을 기반으로 만들어졌지만 ERC20 토큰이 아닌 토큰의 대표적인 예로 골렘(Golem)이 있다. 골렘은 특정 Method를 구현하지 않고 다른 방식을 사용하고 있는데 이런 경우는 부분적 ERC20 토큰 (partially-ERC20-compliant)이라고 부른다.

3) ZRX

제로엑스 프로토콜에서 쓰이는 토큰이 ZRX이다.

제로엑스 프로토콜을 이용하면 DApp들도 토큰 거래를 할 수 있다. 이때 거래 수수료로 ZRX를 지불하게 된다.

ZRX 토큰이 많을수록 프로토콜에 대한 영향력이 커지며 프로토콜이 업데이트될 때 자신에게 이익이 되는 방향으로 영향력을 행사할 수 있다.

따라서 ZRX는 단순히 거래소에서 수수료로 쓰이는 용도를 넘어서서 프로토콜을 통한 확장성을 가지게 된다.

4. 비전 및 전망

국내와 해외 거래소들에서 해킹을 비롯한 각종 사건사고가 끊이지 않고 있다. 거래소의 운영방식이 중앙화되어 있기 때문이다. 따라서 앞으로 제로엑스 프로젝트나 카이버네트워크(Kyber Network) 같은 분산화 거래소 관련 코인들이 꾸준히 주목받을 것으로 보인다.

기존에 탈중앙화 거래소 중 하나인 이더델타(Etherdelta) 같은 경우에는 P2P 방식으로 거래가 이루어지지만 주문을 넣을 때나, 수정할 때, 취소할 때마다 수수료가 들기 때문에 거래가 느리고 비싸다는 단점이 있었다.

제로엑스는 이 문제를 해결하기 위해 On-chain과 Off-chain을 혼합하여 사용한다.

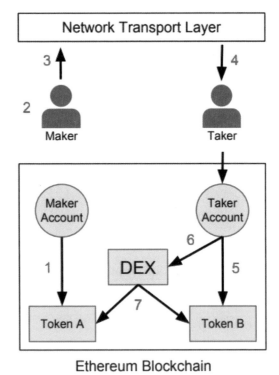

출처:https://0xproject.com/pdfs/0x_white_paper.pdf (0x 백서)

〈제로엑스의 매매〉

매도와 매수 주문이 이더리움 블록체인 외부에서 일어나고 이 주문 메시지들은 암호화되어서 외부 중계자에게 보내진다. 중계자는 제로엑스의 토큰인 ZRX를 수수료로 받고 주문을 빠르게 처리한 다음 다시 블록체인에 올려놓는다.

문제점은 이런 경우 ZRX 토큰 가격이 올라가면 수수료가 비싸지기 때문에 기존의 거래소에 비해 큰 강점을 갖기가 어렵고, P2P 방식이기 때문에 매도·매수 주문금액에 맞는 상대가 없다면 거래 완료시점이 늦춰진다는 점이다.

중앙화 거래소는 보안에 심각한 문제가 있기 때문에 언젠가는 탈중앙화 거래소가 대세가 될 것이라는 전망이 우세하지만, 그 과정에 걸리는 시간이 얼마나 걸릴지 알 수 없고, 현재처럼 시장이 투기적 수요가 대부분인 상황이 당분간 지속된다면 빨리 사고 팔 수 있는 간편함이 있는 중앙화 거래소가 사용자들에게 더 적합할 것이다.

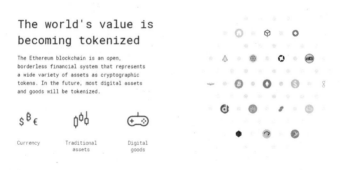

〈제로엑스의 슬로건〉

그래서 제로엑스는 단기적인 투자로는 큰 이익을 노리기 힘들 수 있지만 장기적으로 본다면 투자가치가 있다고 생각하는 사람들이 많기 때문에 거래소에도 많이 상장되어 있다.

ERC20 토큰만 거래되기 때문에 제로엑스의 성장은 이더리움을 기반으로 한 토큰 생태계의 성장과 밀접한 관련이 있다. 현재 ERC20 토큰의 시가총액은 2조 정도의 규모를 달성했다. 앞으로 이더리움 기반 토큰들에 대한 수요와 토큰들의 유용성이 더 증가된다면 시장의 규모가 커짐에 따라서 제로엑스의 가치도 증가할 것으로 예상된다.

〈제로엑스 투자사들〉

판테라나 블록체인 캐피털 등 많은 투자 기업들이 제로엑스 프로젝트를 지속적으로 지원하고 있는 점도 거래의 유동성 보장에 긍정적인 요소이다. 거래소가 활성화되기 위해서는 유동성, 빠른 네트워크 속도, 낮은 결제 수수료가 필수적인데 제로엑스는 이러한 기본 요건을 충족하고 있다.

5. 상장된 거래소

76. 0x (0.08%)

#	Source	Pair	Volume (24h)	Price	Volume (%)
1	Binance	ZRX/BTC	$2,862,430	$0.590506	36.58%
2	Huobi	ZRX/BTC	$1,112,100	$0.591147	14.21%
3	Binance	ZRX/ETH	$645,961	$0.592102	8.26%
4	Bittrex	ZRX/BTC	$608,849	$0.589224	7.78%
5	ChaoEX	ZRX/ETH	$446,462	$0.574501	5.71%
6	Poloniex	ZRX/BTC	$413,554	$0.588013	5.29%
7	Upbit	ZRX/BTC	$394,685	$0.589224	5.04%
8	CoinTiger	ZRX/BTC	$303,547	$0.588868	3.88%
9	Ethfinex	ZRX/USD	$235,498	$0.587310	3.01%
10	C2CX	ZRX/USDT	$110,780	$0.571019	1.42%
		View More			
Total/Avg			$7,824,159	$0.588946	

〈코인마켓캡 기준 상위 10개 상장 거래소〉

6. 홈페이지 정보

공식 홈페이지 : https://0xproject.com/
백서 : https://0xproject.com/pdfs/0x_white_paper.pdf
페이스북 : https://facebook.com/0xProject/
트위터 : https://twitter.com/0xproject

7. 소재지 및 연락처

소재지 : San Francisco, California, United States
연락처 : team@0xproject.com

리베인

Revain

**New Generation Feedback
Platform
Unbiased and Reliable Review
Platform**

리베인(Revain)은 블록체인과 AI 기술을 적용한
믿을 수 있는 리뷰 플랫폼

1. 기본 정보

- 화폐 표기 : R / RVN
- 발행일 : 2017년 9월 5일
- 발행량 : 184,450,000 / 484,450,000 R
- 증명 방식 : ERC-20 Ethereum Token
- 채굴 가능 여부 : 불가능
- 시가총액 : 1,801억원
- 가격 : 977원 (2018.04.18기준)

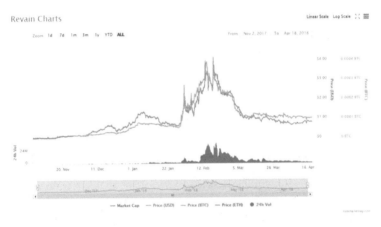

〈2018. 04 기준 코인마켓캡 리베인 가격, 거래량 차트〉

2. 개발자

RINAT ARSLANOV

CEO

MAKSIM VORONIN

CTO

Rinat Arslanov(리나트 아슬라노브) _ Russia

리베인(Revain)은 러시아의 스타트업으로, 블록체인과 AI 기술을 적용한 믿을 수 있는 리뷰 플랫폼을 만드는 것을 목표로 한다.

3. 기능 및 특징

이더리움 블록체인 상에 리뷰가 작성돼서 리뷰가 수정되거나 삭제되지 않는다. 그래서 특정 기업이 자사의 이익을 위해 부정적인 리뷰를 삭제하거나 그 외에 어떤 다른 이유 때문에 처음에 작성했던 리뷰가 수정되는 일이 일어날 수 없다.

또한 모든 리뷰 작성자들에게 일정한 보상이 분배된다. 보상을 받기 위해서는 해당 리뷰가 AI 시스템으로 만들어진 필터링을 통과해야 한다. 이 과정에서 스팸이나 어뷰징, 도배 같은 행위가 자동으로 차단된다.

리베인은 이러한 리뷰 플랫폼을 만들어서 시장을 개선하는 것을 목표로 한다.

〈리베인 네트워크 효과〉

컴퓨터 기술이 발전함에 따라 사람의 '진짜 의견'이 갈수록 귀해지고 있다. 리베인은 앞으로 이러한 상황이 심화될 것이라고 예상하고 사람들이 '진짜 의견'을 올릴 수 있도록 동기를 부여하고, 그렇게 해서 얻은 리뷰들 중 좋은 리뷰를 많이 받는 쪽이 성공할 수 있게 하는 시스템을 구축하려고 한다.

〈RVN 토큰〉

리베인에서는 R코인과 RVN 이렇게 두 가지의 코인이 쓰인다. R코인은 이더리움 블록체인을 기반으로 한 코인이며 가격이 변동하는 코인이고 RVN코인은 리베인 플랫폼 안에서만 사용되는 코인으로 가격이 고정되어 변하지 않는다.

〈리베인의 장점들〉

리베인은 자연어 형식으로 된 질문에 답할 수 있는 IBM의 인공지능 시스템인 왓슨을 도입해 사물인터넷에도 적용이 가능하다.

4. 비전과 전망

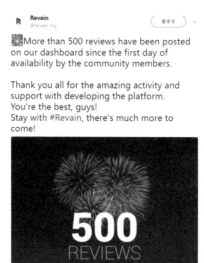

〈리베인 공식 트위터 계정〉

2018년 2월 15일 리베인 대시보드에 첫 500개의 리뷰가 등록되었다는 트위터 게시글이다.

리베인은 리뷰 플랫폼이니만큼 앞으로 발전하려면 사용자들의 참여가 중요하기 때문에 앞으로 얼마나 참여가 늘어나고 또 참여가 늘어날 수 있도록 하는 시스템을 잘 구축하느냐가 관건이 될 것이다.

〈리베인이 다루는 분야〉

리뷰의 범위를 점차 늘려나가는 것도 성공하기 위한 요건이 될 것이다. 상품 리뷰 뿐 아니라 ICO 리뷰, 거래소 리뷰, 소비재, 상점, 전자상거래 사이트 등 사업이 가능한 분야라면 어느 곳이든 리뷰가 가능할 것이다.

　ICO 리뷰의 경우 사용자들의 경험을 함께 공유함으로써 투자의 리스크를 줄이고 투자하려는 토큰이 얼마나 믿을 수 있는지 판가름하는 척도로 사용될 것이고, 암호화폐 거래소 리뷰 같은 경우 리뷰를 통해 형성된 시장 정보를 한 눈에 빠르게 파악해 시간과 비용을 아낄 수 있게 될 것이다.

5. 상장된 거래소

142. Revain (0.04%)

#	Source	Pair	Volume (24h)	Price	Volume (%)
1	OKEx	R/BTC	$1,153,940	$0.817820	30.89%
2	BTC-Alpha	R/BTC	$749,678	$0.817180	20.07%
3	OKEx	R/ETH	$564,849	$0.817749	15.12%
4	Kucoin	R/BTC	$527,773	$0.817749	14.13%
5	Kucoin	R/ETH	$462,272	$0.819984	12.37%
6	BitFlip	R/BTC	$139,367	$0.810058	3.73%
7	BitFlip	R/RUB	$85,684	$0.705600	2.29%
8	Cryptopia	R/BTC	$42,014	$0.800658	1.12%
9	Mercatox	R/BTC	$6,265	$0.842460	0.17%
10	OKEx	R/USDT	$3,226	$0.817458	0.09%
		View More			
Total/Avg			**$3,735,771**	**$0.814923**	

〈코인마켓캡 기준 상위 10개 상장 거래소〉

6. 홈페이지 정보

공식 홈페이지 : https://revain.org/
백서 : http://revain.org/pdf/wp/en-wp.pdf
페이스북 : https://www.facebook.com/revain.org/
트위터 : https://twitter.com/Revain_org

7. 소재지 및 연락처

소재지 : Moscow, Russia
연락처 : contact@revain.org

어거
Augur

Future of Forecasting
Predict the outcome of real-
world events

어거(Augur)는 이더리움 블록체인을 기반으로 한
탈중앙화 예측시장 플랫폼이다.

1. 기본 정보

- 화폐 표기 : REP

- 발행일 : 2016년 10월 5일

- 발행량 : 11,000,000 REP

- 증명 방식 : ERC-20 Ethereum Token

- 채굴 가능 여부 : 불가

- 시가총액 : 3,714억원

- 가격 : 3만 3,766원 (2018.04.18기준)

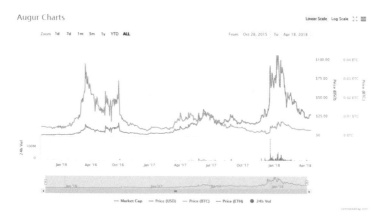

〈2018. 04 기준 코인마켓캡 어거 가격, 거래량 차트〉

2. 개발자

Jack Peterson(잭 피터슨), Joey Krug(조이 크루그) _ United States of America

Jack Peterson · 3촌
Co-Founder at Augur
Augur • University of California, San Francisco
샌프란시스코 베이 지역 • 500+명 👥

Joey Krug · 3촌
Co-Chief Investment Officer at Pantera Capital and Co-Founder @ Augur
Pantera Capital • Pomona College
San Francisco, California • 500+명 👥

3. 기능 및 특징

예측시장(Prediction Markets)이란 실제로 일어나는 일을 바탕으로 예측을 하고 그 결과에 따라 실제로 보상을 받을 수 있는 시장을 가리킨다.

블록체인 기술이 등장하기 전에도 예측시장은 여러 분야에서 널리 쓰여왔는데, 대표적인 예로 스포츠 '토토'가 있다.

그러나 이러한 예측시장을 관리하는 중앙화된 기관이나 개인이 있다면 배당금을 받지 못하게 되는 경우가 발생하는 등 플랫폼 자체를 신뢰하지 못하는 경우가 생긴다. 또한 예측 결과에 실수나 거짓, 조작, 규제나 외압 등이 개입될 가능성이 크다.

어거는 블록체인 기술로 그러한 조작의 가능성을 없애고 이더리움의 스마트 컨트랙트 기술을 이용해 알고리즘으로 등록된 결과에 따라 자동으로 수익을 주기 때문에 이러한 문제가 발생하지 않는다.

〈어거 소개〉

또한 단순히 예측을 통해서 수익을 버는 도박이 아니라 다수의 예측을 바탕으로 정확한 결과를 도출해서 미래를 예측하고 이를 다양하게 활용하려는 목표가 있다.

몇몇 소수의 의견보다 다수에 의해 만들어진 평균적인 예측이 훨씬 더 잘 들어맞는다는 이론인 다중지성(The Wisdom of the Crowd) 개념을 바탕으로 어거는 결과를 조작할 가능성이 있는 소수의 전문가나 전통적인 시장조사에 기대지 않는 정확한 예측시장을 만들고 그 결과를 누구나 알 수 있게 하는 것을 목표로 한다.

Figure 1. Simplified outline of the lifetime of a prediction market.

〈예측시장 개요〉

어거에 참여하는 방법은 총 3가지가 있다.

밑줄이벤트 등록자(크리에이터) : 어거 플랫폼에 질문(이벤트)을 등록하는 사람. 거래자들이 내는 거래수수료 중 일부를 인센티브로 받음.

거래자(참여자) : 이벤트에 참여해서 예측을 등록하는 사람. 이더리움(ETH)을 사용해서 질문에 대한 예측을 베팅하고, 예측 결과가 맞으면 금전적 보상을 받음. 예측 결과가 나오기 전에 다른 사람에게 결과에 대한 권리를 사고 팔 수도 있음.

REP 소유자(리포터) : 이벤트 등록자가 등록한 예측 이벤트의 결과를 입력하는 사람. 결과를 확인해 주는 심판의 역할을 하며 올바른 결과를 등록하면 거래수수료의 일부를 인센티브로 받고 부적절한 결과를 입력하면 패널티로 보유하고 있는 REP 토큰을 잃음.

경매, 금융, 보험시장부터 스포츠 베팅까지 분산화된 예측시장이 적용될 수 있는 분야는 무궁무진하다. 구글의 경우 새로운 서비스를 개발할 때 사내 조사를 통해 직원들의 예측력을 이용하는데 여기서도 소수의 관리자들보다 대부분의 직원들의 생각의 평균이 미래와 더 잘 맞아떨어진다고 한다.

따라서 예측시장을 통해 만들어진 유용한 정보는 정보 수집과 집약, 의사 결정 수단으로서 사회와 기업에 긍정적인 파급효과를 미치는 공공재가 될 수 있다.

공공 정책이나 기업 전략을 수립할 때, 또 개인이 미래를 예측하고 그에 대비해 계획을 세울 때도 예측시장은 유용한 도구가 될 수 있다는 점에서 블록체인 예측시장의 미래는 밝다고 할 수 있다.

4. 비전 및 전망

Advisors

Vitalik Buterin
Founder, Ethereum

Ron Bernstein
Founder, Intrade & Tradesports

Dr. Robin Hanson
Economist, George Mason

Joe Costello
CEO, Enlighted

Dr. Abe Othman
Researcher, Wharton

Houman Shadab
Professor of Law, New York Law School

Elizabeth Stark
Founder, Lightning

〈어거의 자문단들〉

어거에 자문을 하는 사람들의 면면이 눈에 띈다. 대표적으로 이더리움을 만든 비탈릭 부테린이 있고, 인트레이드를 만든 론 번스타인도 보인다.

인트레이드는 2001년 아일랜드 더블린에서 시작해서 2008년과 2012년 미국의 대선 레이스에서 정확한 예측으로 주목을 받았던 예측시장 플랫폼으로, 8만여 명의 회원과 월 500억 이상의 판돈이 거래되었으며 미국 버락 오바마와 밋 롬니의 경선 당시 베팅에 몰린 자금이 2천억 원을 넘기도 했다.

〈인트레이드 웹사이트〉

돌연 사이트를 폐쇄하며 서비스를 중단했던 인트레이드닷컴은 현재 어거 프로젝트로 가는 링크를 걸어놓고 부활을 알리고 있다.

2015/2016 EPL 메인 스폰서

구단	스폰서(국적)	금액(파운드)	업종
맨유	쉐보레(미국)	47m	자동차
첼시	요코하마타이어(일본)	40m	타이어
아스널	에미레이츠(UAE)	30m	항공
리버풀	스탠다드차타드(영국)	25m	금융
맨시티	이티하드(UAE)	20m	항공
토트넘	AIA(중국)	16m	보험
뉴캐슬	Wonga(영국)	6m	대출
웨스트햄	Betway(몰타)	6m	베팅
에버턴	Chang(태국)	5.3m	맥주
애스턴빌라	Intuit Quickbooks(미국)	5m	소프트웨어
C.팰리스	Mansion(지브롤터)	5m	베팅
선덜랜드	Dafabet(필리핀)	5m	베팅
스완지시티	GWFX(홍콩)	4m	외환중개
스토크시티	Bet365(영국)	3m	베팅
웨스트브롬	TLCBet(아시아/맨섬)	1.2m	베팅
왓포드	138.Com(중국)	1.4m	베팅
레스터시티	킹파워(태국)	1m	여행
노리치시티	아비바(영국)	1m	보험
사우샘프턴	베호(영국)	1m	전자
본머스	Mansion(지브롤터)	750,000	베팅

FOOTBALLiST

〈베팅업종이 스폰하는 EPL팀〉

블록체인 기술이 나오기 전부터 활발한 참여와 공급이 있었던 예측시장인 스포츠 경기 결과 예측시장에서 어거가 힘을 발휘할 수 있을 것이냐에 대해서는 부정적인 전망이 아직까지 우세하다.

이미 합법적으로, 또 불법적으로 시장에 너무 많은 플레이어들이 있기 때문이다. 하지만 불법시장의 사용자들을 어거가 흡수할 수 있을 것이라는 전망도 있다. 거래 속도를 높이고 이더리움이 도입하려고 하는 zksnark(제트캐시의 익명성 보장 기술)이 결합된다면 익명으로 베팅을 하고자 하는 사용자들의 수요를 충족시킬 수 있을 것으로 보인다.

이외에도 이미 존재하는 예측시장으로는 비디오게임의 판매량을 예측하는 심익스체인지(SimExchange), 영화배우와 영화의 흥행 실적을 예측하는 할리우드 주식시장(HSK-Hollywood Stock Exchange), 시장 참여자의 행동을 예측하기 위해 만든 아이오와 전자시장(IEM-Iowa Electronic Markets) 등이 있다.

어거는 높은 기술력을 바탕으로 여러 채널을 통해 이용자들과 소통하려고 노력하고 있기 때문에 향후 발전 가능성을 긍정적으로 보는 쪽이 많으며 어거 측도 기존 예측시장의 수요를 흡수하려면 더 많은 파트너십 체결을 통해 그 활동영역을 넓혀나가야 할 것이다.

〈블록체인 예측시장 플랫폼 '델피'〉

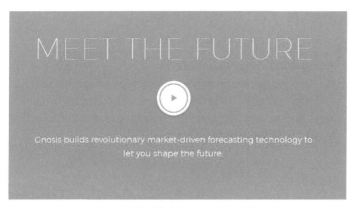

〈블록체인 예측시장 플랫폼 '노시스'〉

5. 상장된 거래소

211. Augur (0.02%)

#	Source	Pair	Volume (24h)	Price	Volume (%)
1	CoinTiger	REP/BTC	$440,054	$25.38	26.06%
2	Upbit	REP/BTC	$240,619	$25.44	14.25%
3	Bittrex	REP/BTC	$213,511	$25.44	12.64%
4	ChaoEX	REP/ETH	$159,402	$25.63	9.44%
5	Upbit	REP/KRW	$153,738	$25.63	9.10%
6	Poloniex	REP/BTC	$96,668	$25.38	5.72%
7	Kraken	REP/EUR	$59,335	$25.57	3.51%
8	Liqui	REP/ETH	$55,280	$25.54	3.27%
9	Liqui	REP/USDT	$49,994	$25.48	2.96%
10	Liqui	REP/BTC	$48,609	$25.51	2.88%
		View More			
Total/Avg			**$1,688,940**	**$25.47**	

〈코인마켓캡 기준 상위 10개 상장 거래소〉

6. 홈페이지 정보

공식 홈페이지 : http://www.augur.net/
백서 : https://bravenewcoin.com/assets/Whitepapers/Augur-A-Decentralized-
　　　Open-Source-Platform-for-Prediction-Markets.pdf
페이스북 : https://www.facebook.com/augurproject/
트위터 : https://twitter.com/AugurProject

7. 소재지 및 연락처

소재지 : San Francisco, California, United States
연락처 : team@augur.net

월튼체인
Waltonchain

Blockchain + RFID = Value IoT
To Create Business Ecosystem

사물인터넷 기술과 블록체인 기술을 결합해
믿을 수 있는 비즈니스 생태계를 만드는 것을
목표로 하는 플랫폼

1. 기본 정보

- 화폐 표기 : WTC

- 발행일 : 2017년 7월 21일

- 발행량 : 31,144,099 / 100,000,000WTC

- 증명 방식 : PoS(Proof of Stake) + PoW(Proof of Work) 하이브리드

- 채굴 가능 여부 : 가능

- 시가총액 : 3,989억원

- 가격 : 1만 2,815원 (2018.04.18기준)

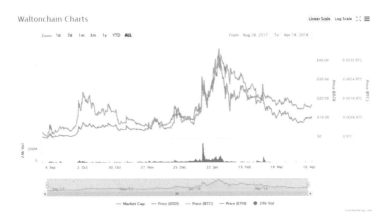

〈2018. 04 기준 코인마켓캡 월튼체인 가격, 거래량 차트〉

2. 개발자

Do Sanghyuk

Vice Chairman of the China - Korea Cultural Exchange Development Committee (a proprietary institution of President Moon Jae-in), Director of the Korea Standard Products Association, Chairman of Seongnam Branch of the Korea Small and Medium Enterprises Committee, Chairman of Korea NC Technology Co. Ltd., Senior Reporter of IT TODAY News, Senior Reporter of NEWS PAPER Economic Department, Director of ET NEWS.

Xu Fangcheng

graduated in Business Administration, Supply Chain Management Director of Septwolves Group Ltd.

Do Sanghyuk(도상혁) _ 한국, Xu Fangcheng(쉬팡청) _ 중국
한국&중국 합작

3. 기능 및 특징

〈월튼체인 슬로건〉

월튼 체인은 사물인터넷에서 더 나아간 개념인 가치사물인터넷(Value Internet of Things-VioT)이라는 개념을 도입했다. 사물인터넷을 통해 수집된 정보들이 중앙집권적으로 관리되는 문제점을 해결하기 위해 블록체인 기술을 이용하는 것으로, 블록체인 기술과 사물인터넷 기술을 결합하면 사물인터넷이 적용될 수 있는 분야를 금융과 신분 인증까지 넓힐 수 있다.

월튼체인(Waltonchain) 생태계는 상위 체인(parent chain)과 하위 체인(child chain)의 구조를 가지고 있고 모체인은 월튼체인, 유통과 결제에 사용되는 암호화폐는 'Waltoncoin(WTC)'이다.

업체들은 각자의 수요에 따라 지체인을 만들 수 있고, 그 체인 안에서 상품과 관련된 모든 절차(생산, 물류, 보관, 판매 등)를 감독할 수 있다. 소비자들도 상품이 어디에서 왔는지 또 유통과정은 어떻게 되는지 파악해 물품의 소유권에 대한 이전을 자유롭게 한다.

〈월튼체인 분야〉

향후 다양한 분야의 비즈니스에서 활용되는 월튼체인 생태계가 구축되고 나면, 하위 체인(child chains) 간의 데이터 교환에도 월튼코인(WTC)을 사용할 수 있게 만들 계획이라고 한다. 공장에서 생산 계획을 세우기 전에 유통업체들 전체의 판매 데이터를 분석하거나 한 곳에서 얻은 포인트를 다른 용도로 전환시킬 때 월튼 코인을 사용하게 해 월튼 코인에 대한 수요를 올린다는 계획이다.

한-중 합작 코인으로 팀원과 엔젤투자자, 자문위원들 모두가 한국과 중국에 기반을 두고 활동하고 있는 사람들로 구성되어 있다는 점이 특징이다.

4. 비전 및 전망

월튼체인은 한국 공식 블로그로 네이버 블로그를 개설하는 등 한중합작 코인답게 로컬라이징에 강점을 보이고 있다.

〈월튼체인 네이버 블로그〉

또한 월튼체인이 협력을 체결하는 업체들의 면면을 보면 코인네스트(한국 거래소), 차이나 텔레콤(중국 통신사) 등 한국과 중국에 집중하고 있는 것을 알 수 있다. 그 중에서도 최근 스마트 시티 관련 사업에 특화해서 활동하고 있는데 숨쉬는 공기부터 사는 집, 쓰레기 처리까지 사람이 활동하는 곳이면 어디나 사물인터넷 기술이 적용될 수 있기 때문에 스미트시티 시장 형성 단계에서 시장을 확실히 선점하면 관련 기술이 발전함에 따라 함께 지속적으로 성장할 수 있을 것으로 예상된다.

실제로 월튼체인의 기술 지원회사인 시티링크(CityLink)는 스마트 아파트, 스마트 환경미화, 스마트 산업단지, IoT 타운 등의 서비스부터 통신 하드웨어까지 커버하고 있다.

〈쓰레기통의 용량 변화를 실시간으로 체크해주는 스마트 쓰레기통_중국 하문시〉

창업자인 Xu Fangcheung은 중국의 의류 브랜드인 Septwolves 그룹에서 공급 체인 관리를 담당했고, 월튼체인의 서비스도 의류업부터 시작해 모든 유통분야로 확장한다는 계획을 가지고 있다. 의류와 전자 산업으로 확보된 고객을 바탕으로 전자차량번호판, 자산관리 등 월튼체인을 적용할 수 있는 시장의 종류가 점점 더 늘어날 것으로 보인다.

최근에는 지적재산권 관련 업체와 제휴하는 등 로드맵대로 차근차근 진행되고 있어 목표로 하는 기술의 상용화가 빨리 진행될 것으로 보이지만, 그 적용 범위가 아시아 일부 지역을 넘어설 수 있을지 여부가 월튼체인이 공룡 코인이 될 수 있을지 아닐지를 가르는 분수령이 될 것이다.

5. 상장된 거래소

208. Waltonchain (0.02%)

#	Source	Pair	Volume (24h)	Price	Volume (%)
1	Binance	WTC/BTC	$1,187,790	$9.03	69.43%
2	Binance	WTC/ETH	$282,483	$9.01	16.51%
3	Coinnest	WTC/KRW	$114,090	$8.32	6.67%
4	Binance	WTC/BNB	$52,631	$9.05	3.08%
5	LATOKEN	WTC/ETH	$44,379	$8.87	2.59%
6	Kucoin	WTC/BTC	$10,232	$8.89	0.60%
7	OKEx	WTC/BTC	$7,473	$8.95	0.44%
8	LATOKEN	WTC/LA	$6,403	$9.02	0.37%
9	COSS	WTC/ETH	$1,462	$9.20	0.09%
10	OKEx	WTC/ETH	$1,207	$9.09	0.07%
		View More			
Total/Avg			**$1,710,668**	**$8.97**	

〈코인마켓캡 기준 상위 10개 상장 거래소〉

6. 홈페이지 정보

공식홈페이지 : http://www.waltonchain.org/
백서 : https://www.waltonchain.org/index.html#white_paper_cont
페이스북 : https://www.facebook.com/groups/waltoncoin/
트위터 : https://twitter.com/Waltonchain

7. 소재지 및 연락처

소재지 : Room 1107, Block B, Building No. 7, Shenzhen Bay Tech
—Eco Park, Nanshan District, Shenzhen
연락처 : services@waltonchain.org

디크리드

Decred

Autonomous Digital Currency
Open and Progressive Cryptocurrency

디크리드(Decred)는 블록체인 내에서 분권화된
거버넌스와 의사결정을 지향하는 플랫폼

1. 기본 정보

- 화폐 표기 : DCR

- 발행일 : 2016년 2월 8일

- 발행량 : 7,143,743 / 21,000,000 DCR

- 증명방식 : PoW(Proof of Work)+PoS(Proof of Stake) 하이브리드

- 채굴 가능 여부 : 가능

- 시가총액 : 4,911억원

- 가격 : 6만 8,730원 (2018.04.18기준)

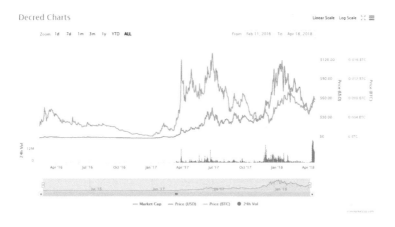

〈2018. 04 기준 코인마켓캡 디크리드 가격, 거래량 차트〉

2. 개발자

Jake Yocom-Piatt (제이크 요콤 피아트) _ United States of America

Jake Yocom-Piatt
Project Organizer

Dave Collins
Lead Developer

John Vernaleo
Senior Developer

Marco Peereboom
Developer

Alex Yocom-Piatt
Developer

Josh Rickmar
Developer

Jacob Yocom-Piatt
Project Lead

Marguerite deCourcelle
Marketing Representative

디크리드(Decred)는 블록체인 내에서 분권화된 거버넌스와 의사결정을 지향한다.

3. 기능 및 특징

비트코인의 채굴이 진행되면서 나타난 비트코인의 문제점은 대형 채굴 회사나 세력들의 입김이 세지면서 의사결정 과정이 중앙화된다는 것이었다. 또한 비트코인의 운영에서 나타난 문제점들을 개선하기 위해 하드포크를 진행하는 경우가 많아지면서 하드포크를 통한 투자자금의 손실과 신뢰 저하 문제가 수면 위로 떠오르게 되었다.

두 문제 모두 기존 커뮤니티의 동의를 받지 않고 진행될 가능성이 높다는 공통점이 있다.

디크리드는 이러한 문제의식을 바탕으로 작업증명방식(PoW)과 지분증명방식(PoS)의 하이브리드 시스템으로 모든 참여자가 디크리드 블록체인의 개선사항이나 포크 결정에 대한 투표권을 가지고 어떤 특정 세력이 흐름을 지배하거나 커뮤니티가 동의하지 않은 변경을 할 수 없도록 했다.

디크리드의 모든 참여자들은 미래에 집행될 프로젝트에 대해 어떤 프로젝트를 개발할지 요청할 수 있고 투표를 제안할 수도 있다.

또한 새로운 기능이 추가될 경우 서비스 중단 없이도 통합할 수 있는 모듈식 플랫폼이기 때문에 탄력적이며 투명성과 확장성을 함께 추구한다.

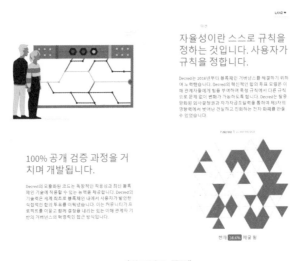

〈디크리드 특징〉

디크리드는 2016년 출시 때부터 외부 자금을 조달받지 않고 커뮤니티의 자금을 이용해 커뮤니티가 디크리드를 소유하도록 했으며 이러한 재정적인 독립을 바탕으로 커뮤니티가 중심이 되는 거버넌스를 지속가능하게 하려는 목표를 가지고 있다.

디크리드의 총 수량은 비트코인과 같은 2,100만 개이며 Black256 해시 알고리즘을 사용해 보안성을 높였다는 특징이 있다.

4. 비전 및 전망

btcsuite와 zck 프로젝트를 통해 기술혁신을 추구해왔던 컴퍼니제로 (Company 0)에서 디크리드 프로젝트를 담당하고 있다는 점이 디크리드의 기술개발 가능성과 커뮤니티의 지속적인 발전에 긍정적인 전망을 할 수 있게 하는 요소로 보인다.

컴퍼니제로의 프로젝트를 함께해 오며 디크리드의 프로젝트를 맡은 Jacob Yocom-Piatt가 10년 넘게 관련 업계에 종사해온 것도 디크리드의 기술적인 배경이 탄탄해질 수 있는 이유이다.

〈컴퍼니제로〉

또한 디크리드의 개발자들은 별도의 플랫폼이나 거래소를 거칠 수 없이 암호화폐들을 가지고 있는 사람들끼리 바로 교환할 수 있는 아토믹스왑을 지원하기 때문에 앞으로 장외거래(Over the Counter)와 개인 간 거래(Peer to Peer)시장이 활성화됨에 따라 디크리드의 활용도도 더 증가할 것으로 보인다.

5. 상장된 거래소

319. Decred (0.01%)

#	Source	Pair	Volume (24h)	Price	Volume (%)
1	Bittrex	DCR/BTC	$244,741	$52.28	44.29%
2	Poloniex	DCR/BTC	$159,615	$52.01	28.88%
3	OOOBTC	DCR/BTC	$93,421	$51.36	16.90%
4	Upbit	DCR/BTC	$31,792	$52.28	5.75%
5	Vebitcoin	DCR/TRY	$15,339	$48.29	0.00%
6	Cryptopia	DCR/BTC	$5,690	$50.17	1.03%
7	YoBit	DCR/BTC	$1,407	$49.85	0.25%
8	Bleutrade	DCR/BTC	$491	$48.42	0.09%
9	Cryptopia	DCR/USDT	$96	$49.98	0.02%
10	Bleutrade	DCR/DOGE	$21	$51.97	0.00%
		View More			
Total/Avg			**$552,622**	**$51.90**	

〈코인마켓캡 기준 상위 10개 상장 거래소〉

6. 홈페이지 정보

공식 홈페이지 : https://www.decred.org/
백서 : https://docs.decred.org/
페이스북 : https://www.facebook.com/decredproject/
트위터 : https://twitter.com/decredproject

7. 소재지 및 연락처

소재지 : Chicago, Illinois, United States
연락처 : 1(312)625-5520 marguerite@decred.org

디직스다오
DigixDAO

Secure and Transparent Digital Gold Market
Gold in Distributed Ledger Technology

디직스다오는 이더리움 플랫폼의 분산원장기술을
사용해서 금을 코인화한 플랫폼

1. 기본 정보

- 화폐 표기 : DGD/DGX

- 발행일 : 2016년 4월

- 발행량 : 2,000,000DGD

- 증명 방식 : PoA(Proof of Asset)

- 채굴 가능 여부 : 불가

- 시가총액 : 5,377억원

- 가격 : 26만 8,894원 (2018.04.18기준)

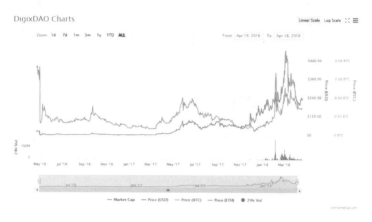

〈2018. 04 기준 코인마켓캡 디직스다오 가격, 거래량 차트〉

2. 개발자

Teo Hye Chng • 3촌
--
Digixglobal Pte Ltd • Nanyang University, University of Waterloo
싱가포르 • 70명 🏢

Teo Hye (테오 혜) _ Singapore

디직스다오는 이더리움 플랫폼의 분산원장기술을 사용해서 금을 코인화한 것이다. 한 개의 디직스다오 토큰(DGX)은 순도 99.99% LBMA(런던 금시장 협회- London Bullion Market Association) 표준 금 1g을 대표해서 해당 토큰만큼 금으로 교환할 수 있다.

3. 기능 및 특징

〈디직스다오의 가치 환산식〉

디직스다오는 이더리움의 DAO(Decentralized Autonomous Organization) 중 최초로 클라우드 세일을 진행한 토큰으로, 2016년 4월 ICO를 진행할 당시 예상치를 뛰어넘고 12시간 만에 60억 이상의 금액을 모집하며 주목을 받았다.

디직스다오는 전체 발행량의 85%를 ICO를 통해 투자자들에게 배분하고 15%를 개발팀에 분배했다.

금 실물은 싱가폴의 세이프하우스(Safe House)에 보관되어 있고, 금이 실제로 존재하는지 증명하기 위해서 자산검증 프로토콜인 PoA(Proof of Asset)를 이용한다.

금의 실재 여부와 소유권을 공동으로 검증하고, 실시간으로 이뤄지는 거래를 투명하게 들여다 볼 수 있게 하는 과정에 블록체인 기술이 사용된다.

디직스다오는 디지털 금을 통해 전 세계에서 금을 거래하고자 하는 사람들이 편리하게 거래를 할 수 있도록 돕는 것을 목표로 한다.

디직스다오를 통하면 저렴한 수수료로 금을 소량으로 매매할 수 있고 현금화를 해야할 때 쉽게 할 수 있어서 금의 소유와 거래에 대한 개념이 바뀌게 된다.

〈디직스다오 공식 홈페이지〉

디직스다오는 DGX(Digix Gold Tokens)와 DGD(Digix DAO Tokens)라는 두 가지의 이더리움 토큰을 사용한다. 이 중 ICO를 통해 배포된 토큰은 DGD이며, DGD를 통해 DGX가 거래될 때 발생하는 수수료를 받을 수 있다.

보유한 DGD가 많을수록 분기마다 받는 수수료 수입이 많아지고, 디직스다오 체제 내에서 영향력이 커지게 된다.

DGX는 싱가폴의 세이프하우스에 보관되어 있는 1g의 금과 등가되는 토큰으로, 금을 살 때 지급되며 구매자가 원할 때는 수수료를 내고 실물 금으로 교환할 수 있다.

4. 비전 및 전망

Pending Market Removals 1/12/2018

 Julian Yap
Today at 08:01

The following markets will be removed on January 12th, 2018:

BTC-DGD

ETH-DGD

BTC-TRIG

BTC-MTL

ETH-MTL

〈비트렉스 디직스다오 상장폐지 소식을 알리는 스팀잇 포스팅〉

디직스다오를 국내에서 거래하려면 미국 거래소인 비트렉스와 제휴를 맺은 업비트에서 거래할 수 있었지만 미국 내에서 디직스다오의 성격이 증권형으로 분류되면서 비트렉스와 업비트 모두에서 거래가 막히게 되었다.

그러나 바이낸스와 후오비 등 해외 사이트들에서 거래 가능하며, 베네수엘라 원유와 연동된 페트로나 천연 자원을 암호화폐와 연결하는 러시아 등의 사례처럼 앞으로는 금 시장의 움직임에 따라 함께 움직일 가능성이 크기 때문에 단기간에 사라질 걱정은 하지 않아도 되는 코인으로 보인다.

세계 경제의 불확실성이 증가할수록 안전자산의 선호도가 높아지며 금가격이 오르는 경향이 있다. 이미 디직스다오가 표방하는 '편리한 소규모 금거래'도 현재 홈트레이딩 시스템이나 스마트폰 주식거래 어플리케이션을 통해 가능할 정도로 소액 투자자들의 수요에 맞추기 위한 움직임이 있다.

디직스다오는 앞으로도 계속 활황일 것으로 보이는 글로벌 금시장에 블록체인 기술을 적용해 거래 과정을 투명하고 안전하게 할 수 있게 돕는다는 점에서 발전 가능성이 높다.

다양한 금 투자법

금 투자법	특징
골드바	-한국금거래소·은행 창구 등에서 시세에 따라 구매해 실물 보유 -10g~12.5kg까지 다양한 크기로 구입 가능 -부가가치세 10%와 수수료 5% 정도 내야
골드뱅킹	-시세에 맞춰 계좌에 원화 또는 달러를 입금하면 금 보유량(g)으로 적립해주는 파생 금융상품 -실시간 매입·매도, 0.01g 단위 소액 투자 가능 -수수료는 1% 수준, 매매 차익에 배당소득세 15.4%
KRX 금 시장 거래	-증권사 금 실물 계좌를 열고, 한국거래소(KRX) 금 시장에서 개별 주식 종목처럼 거래 -1kg 이상 적립 시 실물 인출 가능(부가가치세 10%) -투자 비용이 저렴(매매 차익 비과세, 매매 수수료 0.5% 안팎)
금 펀드	-금 관련 기업에 투자하는 주식형 펀드나 금 시세에 투자하는 상장지수펀드(ETF) 등 -수수료 0.5% 안팎, 매매 차익에 배당소득세 15.4%, 부가가치세는 없음.

금 자체는 안전자산이지만 투자 개념으로 보면 변동성이 큰 투자 자산으로 볼 수도 있기 때문에 변동성을 노리는 소액 투자자들의 디직스다오에 대한 관심이 지속될 것으로 보인다.

5. 상장된 거래소

58. DigixDAO (0.10%)

#	Source	Pair	Volume (24h)	Price	Volume (%)
1	Binance	DGD/BTC	$4,530,430	$219.00	44.26%
2	Huobi	DGD/BTC	$2,530,240	$218.76	24.72%
3	Huobi	DGD/ETH	$2,453,280	$218.62	23.97%
4	Binance	DGD/ETH	$445,355	$218.26	4.35%
5	Gate.io	DGD/USDT	$153,306	$217.39	1.50%
6	Liqui	DGD/ETH	$33,519	$220.44	0.33%
7	Liqui	DGD/BTC	$31,395	$220.26	0.31%
8	Liqui	DGD/USDT	$29,277	$220.18	0.29%
9	Gate.io	DGD/ETH	$10,918	$217.30	0.11%
10	OKEx	DGD/USDT	$6,199	$221.16	0.06%
		View More			
Total/Avg			$10,235,362	$218.81	

〈코인마켓캡 기준 상위 10개 상장 거래소〉

6. 홈페이지 정보

공식 홈페이지 : https://digix.io/
백서 : https://digix.global/whitepaper.pdf
페이스북 : https://www.facebook.com/digixdao/
트위터 : https://twitter.com/digixglobal

7. 소재지 및 연락처

소재지 : 6 Eu Tong Sen Street, #06-09, Singapore (S)059817
연락처 : support@mailer.digix.global +65-6708 9380

아더

Ardor

Blockchain-as-a-Service Platform for Business Jelurida's Next Project

아더(Ardor)는 블록체인 서비스(Blockchain-as-a-Service, BaaS) 플랫폼

1. 기본 정보

- 화폐 표기: ARDR

- 발행일 : 2016년 10월

- 발행량 : 998,999,495 / 1,000,000,000 ARDR

- 증명 방식 : PoS (Proof of Stake)

- 채굴 가능 여부 : 불가

- 시가총액 : 4,007억원

- 가격 : 402원 (2018.04.18기준)

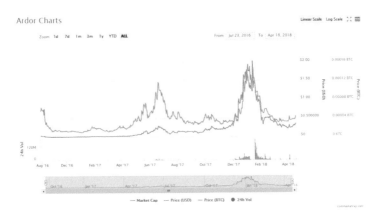

〈2018. 04 기준 코인마켓캡 아더 가격, 거래량 차트〉

2. 개발자

JELURIDA(젤루리다)
_ Amsterdam, Netherlands

암스테르담에 본사가 있는 젤루리다(Jellurida)재단에서 만들었다. 젤루리다는 Nxt 플랫폼을 만들기도 한 회사이며 기술적으로 개선점을 끊임없이 찾아 나가며 Nxt에 이어 아더를 발전시켜 나가려고 시도하고 있다.

젤루리다 재단은 유럽을 중심으로 그 활동영역을 넓혀가고 있는 블록체인 기업이다.

3. 기능 및 특징

BaaS(Blockchain as Service)는 기업에서 블록체인 기술을 대규모 자본을 투입하지 않고도 이용할 수 있게 해주는 서비스로, 현재 상용화된 서비스로는 IBM의 BaaS를 예로 들 수 있다.

글로벌 배송 업체인 머스크(Maersk)는 해양 화물 비즈니스에서 IBM의 BaaS를 이용한 블록체인 거래 플랫폼을 구축해서 배송 추적 시스템을 기존의 문서 거래에서 신뢰성과 효율성, 보안이 대폭 강화된 블록체인 서비스로 바꾸고 있다.

아더를 통해서 이러한 블록체인 서비스를 이용하면 은행이나 정부 기관, 기업 등에서 자체적으로 필요한 하위 체인을 맞춤 제작할 수 있고, 하위 체인끼리 자산을 공유할 수도 있게 된다.

하위 체인들(child chains)의 보안은 아더의 모체인(parent chain)에서 담당해준다.

또한 블록체인 상에서 하위 체인 거래가 한번 이뤄지면 거래 기록이 삭제되기 때문에 블록체인이 느려지지 않고 효율적으로 작동할 수 있게 한다.

하위 체인에서의 수수료는 자체 토큰으로 주고받을 수 있어서 하위 체인의 사용자들은 거래 시 아더 코인이 필요 없다.

자체 플랫폼을 기반으로 한 토큰을 거래할 때 이더리움을 수수료로
지급해야 하는 이더리움의 시스템과 다른 점이다.

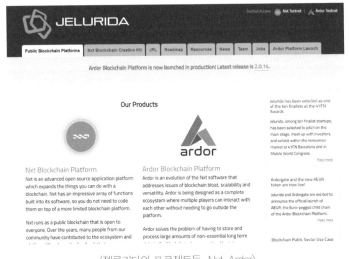

〈젤루리다의 프로젝트들—Nxt, Ardor〉

아더는 자바를 기반으로 한 플랫폼이다.

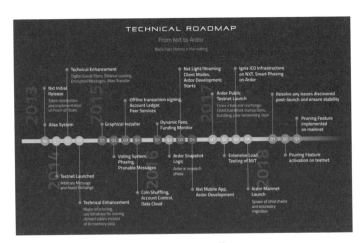

〈젤루리다의 로드맵〉

4. 비전 및 전망

아더의 하위 체인인 AEUR은 아더 시스템과 유로화를 연동시켜서 유로화를 AEUR 토큰과 교환할 수 있게 한다.

하나의 AEUR 토큰은 1유로와 동일한 가치를 지니며 결제 회사인 미스터탱고 은행(Mistertango Bank)과 제휴를 맺은 아더게이트(Ardorgate)를 통해 보장된다. 젤루리다의 기술력과 유럽 시장의 잠재력이 합쳐진다면 앞으로 성장 가능성이 높은 코인이지만 아직까지는 등락을 반복하는 불안정한 행보를 보이고 있다.

아더의 첫 번째 하위 체인인 이그니스(Ignis) 역시 Nxt 플랫폼 위에서 구동되어 엔엑스티와 아더, 이그니스의 가격 변동이 같은 움직임을 보이기도 했다. 상업적인 체인에 적합한 언어인 자바를 쓰고 있다는 점, 그리고 블록체인 앱 개발 프로세스를 간소화했다는 점에서 아더 플랫폼이 앞으로 블록체인이 다양한 산업에서 발전해 나가는 데 도움을 줄 수 있는 이유이다. 향후 추이를 지켜봐야 하는 코인이다.

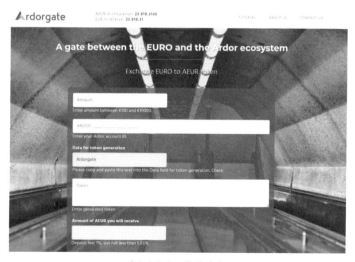

〈아더게이트 홈페이지〉

5. 상장된 거래소

197. Ardor (0.02%)

#	Source	Pair	Volume (24h)	Price	Volume (%)
1	Upbit	ARDR/KRW	$601,196	$0.257641	31.57%
2	HitBTC	ARDR/BTC	$541,882	$0.258684	28.46%
3	Bittrex	ARDR/BTC	$365,409	$0.257652	19.19%
4	Upbit	ARDR/BTC	$320,330	$0.255658	16.82%
5	Poloniex	ARDR/BTC	$58,112	$0.255658	3.05%
6	AEX	ARDR/BITCNY	$14,943	$0.270627	0.78%
7	AEX	ARDR/BTC	$1,593	$0.241415	0.08%
8	LiteBit.eu	ARDR/EUR	$781	$0.257117	0.04%
Total/Avg			**$1,904,246**	**$0.257634**	

〈코인마켓캡 기준 상위 10개 상장 거래소〉

6. 홈페이지 정보

공식 홈페이지 : https://www.ardorplatform.org/
백서 : https://www.jelurida.com/sites/default/files/JeluridaWhitepaper.
   pdf
페이스북 : https://www.facebook.com/ardornxtgroup/
트위터 : https://twitter.com/ardorplatform

7. 소재지 및 연락처

소재지 : Netherlands Amsterdam
연락처 : info@jelurida.com

바이텀
Bytom

Transfer Assets from Atomic World to Byteworld Bridging Online Space and Offline Space

바이텀(Bytom)은 유가증권, 채권, 배당금, 디지털 자산부터 도박까지 다양한 계약들의 상호운용 예측 정보를 디지털 체인화해서 관리할 수 있게 하는 플랫폼

1. 기본 정보

- 화폐 표기: BTM

- 발행일: 2017년 10월 31일

- 발행량: 987,000,000 BTM / 1,407,000,000 BTM

- 증명 방식: PoW(Proof of Work)

- 채굴 가능 여부: 가능

- 시가총액: 1조 565억원

- 가격: 1071원 (2018.04.18기준)

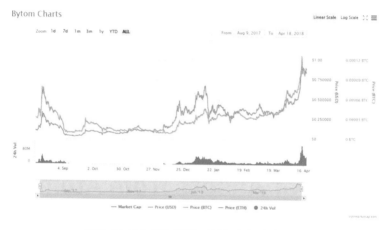

〈2018. 04 기준 코인마켓캡 바이텀 가격, 거래량 차트〉

2. 개발자

Chang Jia(창지아) _ 중국

〈바이텀의 개발진〉

바이텀(Bytom)은 유가증권, 채권, 배당금, 디지털 자산부터 도박까지 다양한 계약들의 상호운용 예측 정보를 디지털 체인화해서 관리할 수 있게 하는 플랫폼이다.

3. 기능 및 특징

에너지가 많이 드는 비효율적인 채굴 방식을 개선해 ASIC 칩에 AI 기술을 입혀 에너지 낭비와 비효율적인 부분을 개선한 PoW 방식을 채택하고 있다.

국가 암호화 표준과도 호환 가능해 교차 자산 배당 분배 등이 가능하다는 특징이 있다.

우지한의 회사인 비트메인과 파트너십을 맺어 메인넷 이후 비트메인의 지원을 받을 수 있다는 점이 장점이다.

바이텀 Bytom

〈바이텀 공식 홈페이지〉

바이트(Byte)와 아톰(Atom)의 합성어인 바이텀(Bytom)이라는 이름처럼 실물 세계(Atomic Asset)와 가상 세계(Byte Asset)를 연결해 모든 것을 디지털 자산화하는 것이 목표인 바이텀은 블록체인 기술을 이용해 자산 거래 시 기록을 위변조할 수 없게 한다.

4. 비전 및 전망

바이텀은 중국계 싱가폴 회사가 만든 코인으로 주로 중국 거래소에 상장되어 있으며 한중 합작 거래소인 지닉스에도 상장될 예정이다.

중국을 중심으로 영향력을 넓혀나가고 있다는 사실을 알 수 있는데, 실제로 바이텀 홈페이지에 공개된 7명의 바이텀 팀 중 6명이 중국의 코인 커뮤니티인 8btc(8btc.com) 소속에 알리페이의 수석 개발자도 포진해 있는 것을 알 수 있다.

8btc.com의 일일 방문자는 10만 명 이상, 일간 페이지뷰는 약 5만 건, 방문자의 약 80%는 중국에서 접속한다.

또한 대표인 Chang Jia는 우지한과 함께 8btc를 공동으로 설립하기도 했으며 개발자들의 이러한 이력 때문인지 비슷한 시기에 ICO를 진행했던 퀀텀보다도 더 많은 주목을 받았다.

중국의 암호화폐 거래소인 OK Coin 부사장도 함께 하기 때문에 중국계 코인들과 거래소가 성장함에 따라 앞으로 가격 변화 추이가 주목되는 코인이다.

〈오벤 공식 홈페이지〉

탈중앙화 AI 플랫폼인 PAI(Personal Artificial Intelligence) 프로젝트를 진행하고 있는 미국 회사 오벤(OBEN)과 협약을 맺은 점도 호재 중 하나이다. 오벤은 한국의 엔터테인먼트 회사인 SM과 조인트 벤처를 설립해 최초의 AI 기획사를 만들었으며 K11, 텐센트, 소프트 뱅크 등에서 투자를 받고 있는 회사이다.

오벤과의 협약에 대해 바이텀의 Li Zongcheng은 가상 세계와 현실

세계, 실제 신원과 디지털 신원의 연결에 관련 기술과 사업 분야와의 연결이 필요하기 때문에 같이 블록체인 연구를 해나가기로 했다고 말했다.

이러한 추세로 볼 때 바이텀이 목표로 하는 현실과 가상 세계 간의 연결 분야가 제휴와 기술 개발을 통해 점점 더 확장될 것으로 보인다.

5. 상장된 거래소

40. Bytom (0.17%)

#	Source	Pair	Volume (24h)	Price	Volume (%)
1	Huobi	BTM/BTC	$3,922,800	$0.527766	23.14%
2	Huobi	BTM/ETH	$3,383,870	$0.528326	19.96%
3	OKEx	BTM/BTC	$2,285,450	$0.528122	13.48%
4	OKEx	BTM/USDT	$2,225,640	$0.529044	13.13%
5	CoinEgg	BTM/BTC	$2,021,650	$0.381918	0.00%
6	Gate.io	BTM/USDT	$1,674,270	$0.526339	9.88%
7	EXX	BTM/BTC	$368,235	$0.541226	2.17%
8	OKEx	BTM/ETH	$323,700	$0.529004	1.91%
9	RightBTC	BTM/BTC	$226,773	$0.508254	1.34%
10	Gate.io	BTM/ETH	$170,739	$0.524380	1.01%
		View More			
Total/Avg			**$16,953,785**	**$0.510219**	

〈코인마켓캡 기준 상위 10개 상장 거래소〉

6. 홈페이지 정보

공식 홈페이지 : http://bytom.io/
백서 : https://bytom.io/BytomWhitePaperV1.0_Economic_en.pdf
트위터 : https://twitter.com/Bytom_Official
깃허브 : https://github.com/bytom

7. 소재지 및 연락처

소재지 : Singapore
연락처 : contact@bytom.io

50 COINS

초판 1쇄 인쇄 2018년 05월 18일
초판 1쇄 발행 2018년 05월 25일
지은이 코인마켓캡

펴낸이 김양수
편집·디자인 곽세진
교정교열 박순옥

펴낸곳 휴앤스토리
출판등록 제2016-000014
주소 경기도 고양시 일산서구 중앙로 1456(주엽동) 서현프라자 604호
전화 031) 906-5006
팩스 031) 906-5079
홈페이지 www.booksam.kr
블로그 http://blog.naver.com/okbook1234
카카오플러스친구 http://pf.kakao.com/_xoxkxlxjC
이메일 okbook1234@naver.com

ISBN 979-11-89254-02-5 (03320)